在书与非书之间，我们阅读

外國文學
WORLD LITERATURE
英國愛爾蘭文學
Proulx

The Lounge

文學，
為這座城市引路——
劉以鬯
LAU JI CHENG
GAM JUNG
董橋
李碧華
LEI BIK WAA
JAA SI

香港作家十人。
閱讀
作家身影
系列導讀。
倪匡
NGAI
HONG
崑南
西西
蔡炎培
photographs
DUNG
KAI
董啟章

slite 誠品

2004
旁觀他人之痛苦
蘇珊・桑塔格 著
陳耀成 譯
麥田 出版
2004 代表書
2005
一次：影像和故事
2005 代表書
2006
蘋果橘子經濟學
2007
認得幾個字
2008
西夏旅館
手帖：南朝歲月
家變六講：寫作過程回顧
NO LOGO
NAOMI KLEIN
MICHEL TOURNIER
寵兒
童妮・摩里森
美麗失敗者
李歐納・柯恩
娜嘉
安德烈・布賀東
楊絳 著
時報文化 出版
2003 代表書
布爾加科夫
2002
百年愚行
末世男女
陌生語言的樂音
重讀石頭記
誠品風格文具
4 乐活健康
3 人文视野
2 创意设计
1 风格美学
B1 潮流生活
B2 停车场

诚 品 时 光

林静宜———著

中信出版集团 · 北京

古今中外的任何生命，一生中都会遭遇不同的横逆。

如果回到哲学的起源，其实是探索人存在的本质。

——吴清友

目录

诚 品 时 光

序

诚品一万天

吴清友

一九八八年，我深觉自己的渺小，生命的无常，想追寻一处能让身心安顿、心灵停泊之所在，将活了三十八年的生命归零，创办诚品，人生重新启程。当年的我实在没多想，心念也很单纯，就是一个自觉生命因阅读而不再失落的个体，想要穷尽己力，为生长的这块土地播下人文、艺术、创意融入生活的种子。如今我与诚品团队一路走着，即将接近三十年。

记忆的足音响起，我想起生命、想起爱，浮现时光洪流中的人事物，感念时代，感触一切……家中大窗前的纱帽山、星空、云朵依旧，但心境却已大不相同！人生的多半时刻，我虽不愁苦，亦难感受喜悦。在挫折与煎熬之间磨炼自己，经营诚品。我无法预知未来，但战战兢兢走在这条探索生命的道路上，忠实依着自己灵魂深处的悸动，摸索前进。

人们都说我承受诚品赔钱十五年的重担，但于我而言，既然下定了决心，就应诚恳面对自己的信念，就算在最艰苦时，也不轻言放弃。只是明白了自身的不自量力与无可救药的乐观，仍愿意迎向诸多困境与挑战，希望能把负面扭转成正面。

我是幸运的！因诚品充实了生命，过程中，有浪漫、有现实、有美好，也有苦涩、有天真，但也带来觉知的惊喜……

我对生命的倾诉，有幸引起共鸣，诚品成为社会集体创作。诚品假使有任何精彩，那完全是因为读者与城市文化的共同造就。今日的诚品也从台湾的城市到了香港及大陆，一九八八年的个人想愿，在一万多天之后，诚品因着土地滋养、当地文化、众人祝愿，持续走在“人文、艺术、创意、生活”多元面向的探索之路上。

我也逐渐理解了上天给我这个创办诚品的好因缘，是要我珍惜生命的每一种时刻。原来，人世间的喜乐是存于人跟土地的情感之间、人与人的诚心之间，以及人与自我的信念之间。一万多天后的我，在心灵深处体会、感受着静谧的喜悦。

从诚品的第一天开始，我相信善，生命的真正所得是付出，就如大地的滋养是珍贵的，果实的奉献是甜美的；我也相信爱，生命的本质是爱，爱是人类生命之中积极主动的正向力量；我相信美，心诚最美，每个生命与存在的事物皆拥有它们独特的美丽；我更相信，人间因有大爱，天下才有大美，如哲人所言，如果我们都能疼惜脚下的风土，这个世界就没有文化贫瘠与心灵荒芜之处。

在《诚品时光》与读者相见的此刻，感谢光明的火光，更感谢为诚品点灯的贵人、同事、家人、朋友，以及每一位来到诚品的读者。聚光灯虽然看似仅闪耀在少数人身上，然而，是无数努力不懈、辛勤耕耘的执灯人们，在暗处默默支持，有如繁星点点，照亮了我们的道路。我点滴在心，万分感念！

（本文作者为诚品创办人）

第 一 部

1988—2000
在追寻与探索之间

经营诚品，其实是经营一个心念，是一场探索之旅。

——吴清友

01

中年的追寻

我存在的意义

一九八八年二月，伦敦低温，少雨。

吃过早餐后，吴清友从海德公园旁的饭店出发，朝着聚集多家知名画廊的梅费尔区（Mayfair）皇家艺术学院方向走去，冷冽的空气挡不住他轻快的脚步。

几年前，他常去香港出差，有机会看到英国雕塑家亨利·摩尔（Henry Moore，一八九八—一九八六）在香港的特展。他被简洁包容的线条、能与环境对话的雕塑意境所吸引。回台后，买了相关书籍研究这位被誉为第二次世界大战后最伟大的雕塑家。这回，趁着出差英国的机会，打算买回两件心仪已久的亨利·摩尔中型作品。

转阿尔伯马尔街（Albemarle Street）后，他在伦敦最负盛名的马博罗（Marlborough）画廊前停下，却发现大门深锁。如果就这样打道回府，他就不会是日后那位走过诚品赔钱十五年，在挫折与煎熬之间仍勇往向前的吴清友了。

吴清友心想，说不定店里有人在，于是敲敲大门。等了两三分钟，门内无动静。思索数秒，他决定再试试，敲了第二次门。这回，大门不再沉默，开了个三十度缝隙。门后是一位老太太，她打量这位没有预约的不速之客，开口问："你是日本人吗？"

吴清友摇头，回答不是。

老太太又问："那你是韩国人吗？"

吴清友再摇头，回答："我来自台湾。"老太太一听，闪过一丝不以为然，神情虽然细微，敏感的他还是捕捉到了。

为了使老太太明白来意，他主动自我介绍。老太太知道此人不是过路客，且对亨利·摩尔有一定了解，请他明日再来。隔天，吴清友依约前来，老太太尽心款待，开库房让吴清友参观，还帮他跟最喜欢的雕塑作品合照。

生命很奇妙，有些连自己都不知道的想法，得在合适的情境因缘下，才会显现。从画廊走回饭店的路上，吴清友察觉自己的心情，竟夹杂着异样的失落。

这种感觉也曾出现在他二十五岁到美国出差时。那是一九七五年，他人生第一次踏上美国土地。十七天商务考察

之旅，他走过夏威夷、洛杉矶、旧金山、丹佛、达拉斯、芝加哥、纽约七座城市，着实大开了眼界。但在首站夏威夷，发生了令他终生难忘的“邂逅”。

吴清友走进下榻的威基基海滩喜来登饭店，随即感受到身上的西装与度假岛屿氛围格格不入。进入房间后，他换上休闲衫，及一条三哥吴清河送的浅蓝色免皱泡泡裤，下楼随意探访周边环境。

置身轻松闲逸的夏威夷，他心情愉悦地哼起歌来。忽然，眼角余光瞥见饭店大厅的商场橱窗里，有一抹似曾相识的浅蓝。定睛一看，橱窗里展示的浅蓝泡泡裤不正是自己身上穿着的这条吗？他特别走进店内确认，发现真的是同一条裤子！心里直呼太巧了！

吊牌上的售价是四十四美元！好奇心使然，他打电话给在成衣厂工作的三哥，询问裤子的出口价。三哥告诉他，一条四点二美元。人在异乡的吴清友，刹那间感受到一股为家乡打抱不平的失落。

回忆重叠着昨日老太太的问话，吴清友觉得自己应该为家乡做点什么，他产生了一个从未有过的想法：“如果我拿这三十五万英镑[1]开一家画廊，就算没卖出任何作品，也能撑个四年。一个月一档，共四十八档，至少可以让一百位创作

（1）当年准备了三十五万英镑想购买雕塑作品，当时英镑对人民币汇率为一比九点三。

者有展出的舞台……”

吴清友喜爱艺术，认识不少艺术家与学者，也收藏欣赏的艺术家作品。熟识的艺坛前辈与学者常定期到家里聚会，谈天论地，一聊就到深夜。他深知，中国台湾艺术家要走上国际有多不容易。

他不但没有怪老太太的刻板印象，反而让活了三十八年的自己有小小的感悟：“我们活了一辈子，真正了解自己多少？又有多少因缘曾经错过，或者不曾有过，而失去了解自己的机会？”

当天晚上，他打电话跟太太说，决定不买作品了，想把钱转换成开画廊的资金，让更多的华人艺术家能被看见。

草地囝仔的人文艺术书店梦

其实，吴清友早在三十五岁就有个想开一家人文艺术书店的梦想，酝酿的源头是他想探索自己存在的意义。

当时的吴清友，已是从贫穷的“草地囝仔”到事业小有成绩的老板了。

吴清友出生于一九五〇年，是台湾人均 GDP 不到一百六十美元，人人得胼手胝足的时代。他的家乡是台南县将军乡最西边的马沙沟渔村。村民多以鱼塭养殖为生，临海盐分重，田地非良田，海风整日呼呼地响，农获量少，若遇上海水倒灌、天灾，全年的辛勤转眼化为乌有。

台北工专机械科毕业后，吴清友做过半年的老师，由于想帮忙改善家计，后来选择到饭店餐厨设备公司当业务员。他为人重情义，又够勤奋，常钻研专业知识到半夜。做的虽是业务员，却把老板与客户的公司当成是自己的事业来思考规划，备受客户称赞与信任，不少老客户跟他成为好友。因而当老板决定去大陆做生意时，心中首选由他接下公司，并用了较为优惠的价格，把公司转给他。那是世界第二次石油危机刚落幕，台湾正启动“十二项建设”期间，要由加工出口业转型为高科技产业的八十年代。

那年，吴清友三十一岁，把公司更名为“诚建”。公司有不错的基础，加上吴清友很早就有品牌服务的概念，“诚建”的价格虽然比别人贵，但设备与服务均是最佳价值之选，许多知名饭店与连锁餐饮品牌还是选择与“诚建”合作。“诚建”也成为当时的行业龙头，市占率超过八成。

老天像是要一次给足吴清友丰盛的财富，经营的公司持续成长，私人投资的不动产获利亦超乎预期。不知是眼光精准，还是着实运气好，短短三四年间，碰上台湾房地产大涨，他手头上那些土地、房子翻涨好几倍。三十五岁时，用吴清友自己的话形容：“上天给了想都不敢想的财富。”

当年，为了让家乡的父亲放心这位彷徨少年时不学好，曾被下最后通牒，欲断绝父子关系的老五[1]，吴清友北上工作，认真打拼，短时间内蓄积了大量的财富，当时他曾粗估身家资产，竟有超过十亿[2]之多。

对比二十出头两手空空，老板让他暂住公司，等领了薪水，再与朋友共同租屋，到有能力买下第一间房、第二间房，有余力买下第一个艺术品、第一幅画作……吴清友并未欢天喜地，反而开始自问，为什么幸运的人会是自己？生命是什么？自己为何而存在？

“蒙幸运之神眷顾，无意中因购买地产而赚了许多钱财，来台北后，做到世俗所谓的五子登科，我还要拼搏什么？未来方向在哪里？我应该要何去何从？”他隐约自觉人生正处于所谓的中年危机。

为了追寻答案，潜意识里，他以书为师，接触哲学、心理学、宗教思想的相关书籍，阅读史怀哲、弘一大师、赫尔曼·黑塞的著作。吴清友非常着迷这三人字里行间的人文情怀，不时从书架拿下来再三品味。

在吴清友看来，这三人都活出生命极致的壮阔风景。

史怀哲（一八七五—一九六五）与弘一大师（一八八〇—一九四二）年少时，已于艺术、文学、音乐、教育享有盛名，

（1）吴清友有九位手足，他排行第五，上有大姐与三位哥哥，下有三个妹妹和弟弟。
（2）文中未注明的货币单位均为新台币。——编者注

却不约而同放弃名利成就，于中年展开奉献世界的旅程。吴清友崇敬这两位东西方哲人亲身实践为天下苍生而活的志业。

史怀哲拥有神学、音乐、哲学博士，是牧师，也是极具天赋的音乐家。他立志以牧师与医生身份到非洲关怀生命，在三十岁进入医学院，从头学习，花了七年取得医学博士。三十八岁远赴蛮荒赤道的加蓬兰巴雷内（Lambaréné）盖医院、行医，过着非洲行医、欧洲举办募款演讲与音乐会的奔走人生。

弘一大师本名李叔同[1]，原是精通诗词、书法、绘画、音乐、戏剧、文学的艺术家与教师，有“二十文章惊海内”的美誉，开创大陆的裸体写生教学法，也是将西方艺术、音乐带入大陆的先行者。三十九岁时决心投入佛法，将所积艺术珍品、饰物、金钱、诗词画作等身外之物全数分送家人与学生，到杭州虎跑寺出家，孑然一身修行，弘法传世。

诗人、作家赫尔曼·黑塞（一八七七—一九六二）是吴清友经营书店的启发者。

赫尔曼·黑塞四十岁看透感官幻象，决心追求更纯然的灵性隐士生命，搬到湖岸小村居住。通过洞察自然万物，他的

(1) 李叔同的书法朴拙圆满，浑然天成，带领中国书法艺术进入新的境界，鲁迅等文化名人均把其字视若至宝。其最有名的音乐作品是改编美国作曲家约翰·庞德·奥德威作曲、由他作词的《送别》，每年毕业季，学子便会吟唱：“长亭外，古道边，芳草碧连天……”

作品内蕴哲学式的宁静内省、和平与人道思想，其悠远、善美的意境疗愈了经历两次世界大战的忧伤人心。他的《轻微的喜悦》中有段触动吴清友的文字："在那些不属于自然的赠予，却是人类自己的心灵创造出来的许多世界中，书的世界是最伟大的一个。"

吴清友深深认同赫尔曼·黑塞的观点，自觉生命因阅读获益。书，是人类通往精神世界的天梯。

他常跟太太感叹："一位作者可能集一生智慧与生命精华，才有了一本作品。当看一本书时，其实是看到一个生命的精彩，跟作者的全神投入与奉献。一本几百元的书，作者可能收益有限，但书里的精神与生命经验却能引起许多人的共鸣。如果一间理容院、KTV 都可以花几千万元装修，难道读者与书店的空间不应该受到用心的对待吗？"

从小他就对空间氛围很敏感，心情与心境常产生共振效应。在他的想象中，人会被空间的灵魂、空间的气质、空间的表情所触动。所以他希望打造一个能够让人从容与书相遇的阅读场域，除了书店之外，还要包括咖啡馆、花店、艺术、设计名品、音乐等多元的空间。

年轻时，他最喜欢的地方是佛寺，不但主动亲近，还会去小住几天。佛寺的空灵气场，带给他无量无边的宁静感受，"我体会到，人的心境，竟然与空间存在着神秘的对应关系。我开始喜欢建筑、接触建筑，探索空间的神秘性"。

他不仅喜欢建筑，也广泛研读。第一本建筑启蒙书是在香港尖沙咀一间建筑艺术专卖书店买的 *Architecture and You*（《建筑与你》），办公室与家中各有整柜的建筑书籍与专业杂志。也因是建筑爱好者，早年结识多位建筑师，如：素有建筑诗人之称的华人建筑巨擘王大闳、当代华人建筑大师姚仁喜，以及陈昭武、简学义等，每每相谈甚欢，不时往来交流。

书店与画廊的人文场所

从伦敦回来，吴清友愈想愈觉得书店与画廊是气质相近的人文场所，于是，开始寻觅可租用的空间，并物色专业人才。这天，他去宝庆路的永汉画廊找赵琍。

赵琍很早就认识吴清友了。她的第一份工作是汉光出版社多媒体部门，诚建那时委托汉光制作企业简介。她是出名精准的文案写手，但与吴清友合作，却让她经历一篇文章写了两个月的“难产”。

“中秋节那天，我在家写文案，为了捕捉吴先生要的感觉，写到胃痛。想到要交稿，都觉得天要掉下来了！”当年的吴清友管理严格，诚建被训练为魔鬼队伍，赵琍访谈所有高阶主管，还有人当着她的面喊“必胜”！

令她印象深刻的是，诚建虽然是餐厨设备销售公司，却极有文气。办公室位于地下一楼，阶梯转角处是一片竹林造景，地板是山毛榉木，接待处是大理石台面，入口便可见艺术画作与雕塑品，员工厕所像五星级饭店一样。

因为这次的合作案，赵琍知道吴清友喜好艺术，也是位收藏家。转往永汉画廊任职后，她会定期寄送画展邀请卡，因而吴清友有时会去画廊看画。

言谈之间，吴清友跟她提起想开一家人文艺术书店的构想："我觉得自己跟台湾社会都缺乏艺术、人文的精神，商人谈生意就去酒店、饭店；一般人除了电影院、公园，好像没有太多可去的地方。"他问赵琍有无认识的合适人选。赵琍建议吴清友找廖美立聊聊。

廖美立是当年台湾艺术界指标雄狮美术书店的店长，也负责国外美术书籍的采购。吴清友找廖美立深谈几次，诚恳邀请她加入。一九八八年七月，廖美立正式任职，以她在雄狮美术工作超过十年的艺术涵养，协助吴清友实现脑海里的人文艺术书店。当时"诚品书店筹备处"的临时办公室，就设在"诚建"的一间会议室里。

然而，就在筹备书店与画廊期间，同年十一月，一场大病向吴清友袭来，不但让他经历生死边缘，这个疾病还自此常伴一生。

02

活着

上天给了一帖药

十一月，台北仍有暖阳。

美好的周末上午，阳光透窗爬进吴家的原木地板。为了一览纱帽山，向阳大窗舍去阻隔的窗帘，随时欢迎自然光降临。插好早上买回来的花，吴清友的太太洪肃贤看了时钟，已过九点，纳闷先生怎么还没起床。昨晚临睡前，他还提醒她今天要一起去石门水库参加公司庆功宴。

洪肃贤心想：“先去叫他起床好了！”一进房间，见吴清友还躺在床上，直觉不对劲，急忙趋前。

这一看，她惊呼：“你的脸色怎么这么惨白？”

“阿洪……可以帮我穿袜子吗？”吴清友皱着眉头，吃力地挤出这几个字，神情难掩痛楚。

她当机立断，对先生说：“走！我们去医院。”语毕，一面帮先生拿袜子，一面打电话给诚建同事，告诉他们临时有事，不能去庆功宴了。

司机从阳明山住家飞车到仁爱路的国泰医院，只花了短短半小时。出门时，吴清友还能忍痛缓步上车，到医院门口，人已虚弱到无法走路。洪肃贤向医院借了轮椅，快速推着先生进急诊室。

做完检查后，值班医师面色凝重。吴清友确诊为马方综合征(1)，因为主动脉的结缔组织松脱，造成部分血液回流心脏，心脏过度负荷而扩大，如果不进行人工瓣膜与人工血管的手术，性命难保。事实上，吴清友的身高是全家族的“异类”，高达一百八十八厘米，两手张开的距离比身高还高，大拇指也特别长，是马方综合征的典型特征。

医师告诉洪肃贤：“我们会先送他进ICU（加护病房），把握时间，该问的赶快问，看先生有什么要交代的。”医师的言下之意，是要她做好可能办后事的准备。

短短一天，人生场景就从幸福盛夏，转进寒冬黑幕。

(1) 马方综合征（Marfan syndrome），又称为马凡综合征，为一种遗传性结缔组织疾病。

“我还可以找谁？这可是攸关生死的大手术啊！”她想起台湾心脏外科权威洪启仁[1]医师，赶紧跟好友要了电话，打给这位长辈。洪启仁人很好，答应她来国泰医院看看吴清友。

当天下午，洪启仁就到医院，也听了国泰医师的检查结果，判断吴清友是先天性患者，还能撑过周末。因心脏手术是大刀，建议先用药物控制病情，等星期一医院开刀团队人手充足，再进开刀房。

洪启仁是吴家的贵人，吴清友在二〇〇一、二〇〇六年再度遇上两个生死大关，这位名医同样扮演着重要决策角色。

手术前，刚好有位纽约大学心脏权威教授来台，与台大医院、国泰医院交流心脏手术，共同举办住院医师的教学活动，需要一个示范病人，主治医师征询吴清友的意愿。吴清友心想，这有可能是自己为他人做的最后一次贡献，便一口答应，也同意心脏手术的过程被拍摄为教学影片。院方安排他先做临床教学的示范病人，十一月二十八日再进入开刀房。

十一月二十三日，吴清友穿着单薄的手术衣，坐在轮椅上，从加护病房被推到医院的教学课堂。当他被移躺到冷冰冰的教学台上，一阵寒意迅速透肤，不自觉起了鸡皮疙瘩。十位受

(1) 洪启仁（一九三〇—二〇一六），台湾心脏外科先行者及权威，创下多项心脏手术台湾首例，是台大医院心脏外科的奠基者，新光医院创院暨荣誉院长，带领台湾心脏外科进入稳定发展阶段，培育出许多优秀后辈。关于他的一生，可见《台湾心脏外科第一人》一书。

训的住院医师围着他，轮流观察与问诊，有些比较粗心，没先用手暖热，就把冰凉的听诊器直接往他的胸膛一放，来回移动，冻得他直打哆嗦。吴清友忍着没出声，当个“称职”的示范病人，想象自己对医疗的传承能有一点小小帮助。

日后他经营诚品，特别重视服务要有优雅、人文的款待，因为书店与医院之于他，都是生命的道场。

生死关接连而来

开刀前一晚，吴清友百感交集，辗转难眠，也不知道自己到底叹了第几次气了！今天过后生死难料，他思索着要不要写遗嘱，但又觉得家人心情已经愁云惨雾了，何必再多加这一朵“乌云”？

他心想，若真是坏的结果，留下的身家足以让父母、太太与一双儿女生活无忧，何况，虔诚佛教徒的太太也请了远在印度的上师帮自己祈福。吴清友安慰自己：“就算手术成功率只有百分之十，我也算是个好人，应该还有些机会。‘阿 Q’一点，明天再说了！”

十一月二十八日，周一，前途未卜的手术日。

帮吴清友执刀的主治医师是洪启仁的高徒林永明。提心吊胆的大手术，过程比预期顺利。没想到，死神在伤口完成缝合之后，竟然连连出手，直击要害。

移除开心手术使用的叶克膜体外维生系统时，吴清友的心脏一度停止跳动。低温。吴的开刀房里，医疗团队忙出一身汗，靠着强心剂、心脏按压、电击，才让他远离濒死边缘，得以送至恢复室观察。

恢复室内，死神并未走远。

术后的吴清友，迟迟无法止血，医疗团队紧急聚集，寻找对策。麻醉渐渐消退，吴清友感觉自己做了一个好长的梦，模模糊糊听见好几个脚步声在宁静的空间里进进出出。

“要不要 reopen，看看是什么状况？”有人提议。

“不用 reopen，手术很成功，没有问题的！”应该是林永明的声音，音调听起来信心十足。

医疗团队讨论后，决定为吴清友注射血小板，试试能否止血。血小板需由新鲜血液提炼，偏偏吴清友的血型是少见的 Rh 阴性，血库里没有，吴清友的状况也无法等待太久，否则将陷入失血危险。

上哪去找这种稀有血液的捐血者？一九八八年，社群媒体 Facebook 创办人马克·扎克伯格也才四岁。

对吴家人来说，开刀前后都是难关，当时动员了家人、朋友广寻相同血型的人。时间紧迫，有位“诚建”员工联络军营的朋友带着一整辆卡车的阿兵哥前来医院检验，但无人符合捐血资格。

病床上的吴清友因失血，生命力随时间消逝，愈来愈虚弱。

几位获知消息的亲近员工，向全体同事发出需要捐血者的讯息[1]，自觉有可能性的人快速赶往医院受检，大家心急如焚地等待能否传出好消息……检查结果出炉，终于有一人符合！

那人是跟了吴清友多年的林姓司机。在前前后后一堆受检者之中，只有他符合捐血条件，瞬间解除了缺血危机。吴清友二十九岁就请了司机，原因是太太曾请人帮先生算命，指点吴清友因时常处于思考状态，不宜自己开车。没想到，救命的捐血者竟然就是天天在身边朝夕相处的司机同事，仿佛上天早有安排的贵人。

像橙汁般的血小板注射进去后，开始发挥作用，平稳止住大手术后的失血。吴清友终于脱离险境，转到普通病房。[2]

冬天是心脏病的旺季，国泰医院心脏科只剩三人病房，他的隔壁床是一名等待开刀的孩童。夜里，传来孩童母亲微小的啜泣声，听得出来怕吵醒同房的人而极力压抑。吴清友想起白天这对夫妻烦恼手术费的对话，担心他们还没筹到手

(1)“讯息”为台湾地区叫法，大陆地区为“信息”。——编者注
(2)本书医疗手术相关场景纯属个人回忆记述，不等同于临床细节。

术费。人在病痛中特别能感同身受，隔天一早，他立刻捐了一百万元给医院，交由院方出面协助。

生之喜悦

十二月五日，同样是周一，这天是生之喜悦。

出院返家，他坐在家中三楼，从大窗眺望纱帽山。同样的景致，心境却不同了。开心手术，像是检视人生的开关，吴清友思索自己的生命。以前，理所当然认为明天能看见太阳、未来都能妥善规划，经历生死后才知，原来一个人活着，没有所谓的“理所当然”。

他自省，像自己这么固执的人，假使上天不给他一场大病，这辈子或许都无法觉察无常，说不定还有更多的自以为是，遮盖心智而不自知。“大概是上天要我做一次生命的总检讨。我现在所拥有的、未来想追寻的，都是生命中最爱、最珍惜的吗？”术后疼痛的伤口好似是来带他穿透生命迷雾，窥见隐于浮云后的繁星太空。

回想三十八年的人生，不敢想的财富，莫名得到了；不想要的疾病（马方综合征），如影随形。这一正一反的两样事物，让他领略了过去几年一直在寻找的存在意义。一种前所未有的清明油然而生。

大病之前，他以为自己是因为喜爱建筑、艺术，所以想开一家人文艺术书店。亦无法说得明白，为何想象中的书店要有音乐、桌椅，人们可以自在进出，随心情或站或坐，以最安适的姿态阅读；空间里也要有画廊、咖啡馆、小商场。

大病之后，他益发觉得是上天要自己做些有意义的事，愈来愈透彻。自己想做的不只是一家书店，而是一处能让身心安顿、心灵停泊的场所。书店、音乐、咖啡馆、画廊等场域，是创造优雅氛围的元素，因为优雅，才有机会让一个人的心灵感受到从容，进而享受被安顿的喜悦。

“史怀哲说过，每个想要活下去的生命，要与许多也想活下去的生命一起存活[(1)]，我的生命应该也要如此效法。”他终于明白，未来想做的已经不单纯只是发展新事业，而是分享一种人与生命、阅读结合的价值观。多年前，为了经营公司，吴清友读了不少企管书籍，有一本中华企管出版的《零基预算法实务》的观点令他受用极深。他想，企业预算每年都可以归零，生命不也应该如此吗？“生命应该在事业之上，心念应该在能力之上”，他自我期许，不能因为病痛，改变创办书店场所的心念。

（1）史怀哲的哲学观是由全面洞察与面对事实开始，他的“自己与许多也想活下去的生命一起存活”代表尊重生命（reverence for life）的生命伦理。生命伦理是真实地对每个想活下去的生命，包含动植物，表示同样尊敬，他认为，西方文明因逐渐放弃了肯定“生命”为伦理的基础，所以腐化。然而，真正幸福的人，是那些已经开始寻求并知道如何服务他人的人，史怀哲坚持着尊重生命与付出的信念，实践基督真理，把个人奉献给世界，以一名牧师与医师的身份，到非洲去关怀每个想活下去的生命个体。

不过，老天像是要验证他的心念有多强烈，原本要投资的股东得知吴清友手术的消息后，突然反悔了。

他们对他说：“书店本来就不是获利好的投资，当初我们是看好你的眼光与经营能力，现在你的健康出现问题，我们必须重新评估风险。很遗憾！我们不能投资你想做的书店事业。”

吴清友当然不会因为股东问题而打退堂鼓。他找三哥吴清河与大姐商量，两人二话不说，支持弟弟的梦想，集资补上现金不足的部分。

他很清楚，这是生命归零后的全新旅程，自己的心念也很单纯，就是一个生命因阅读而不再失落的个体，想要穷尽己力，为生长的这块土地播下阅读种子。至于未来走向何方，又能够走多久，他没有十足把握，亦没有多想。

为了帮生病中的他打气，一位哲学系硕士的员工，在卡片上写了：“吴先生，上天因为要你服一帖药，所以先让你生一场病。”当年这句用来抚慰吴清友的话，如今看来，像是呼应命运的预言。

上天给的这一帖药，其实是在引领吴清友追寻生命的本质，而这正是诚品的缘起——一位深觉生命渺小、无常的中年人，想追寻一处能让身心安顿、心灵停泊之所在，人生重新启程，创办诚品。

也是在多年后，吴清友才逐渐理解，古今中外的任何生命一生中都会遭遇不同横逆，如果回到哲学起源，都是探索人存在的本质，这也是一个人的生命之根。

人往往把碰上的难关视为艰辛，如果能够洞悉生命，会发现它可能是这一辈子的好因缘。吴清友的生命正因此转变，诚品也由此诞生。

03

在经典里独创节奏

在书与非书之间

为了帮新事业命名，吴清友煞费苦心，请教不少人，包括德高望重的艺坛大师李德（一九二一—二〇一〇）。

李德建议："不如就用你的名字吧！清友书店。"

吴清友连忙摇头，表示不妥。

李德想了一下，又说："那叫道友好了！"

李德是一位追求"道"之境界的艺术家，一生奉献台湾画坛教育，认为艺术家要有哲学家的头脑、诗人的心、工人的手。他不仅教艺术创作，更与学生谈文学、哲思。对于吴清友这位后辈，他是欣赏的，因而送给他"道"这一字。

吴清友认为自己离"求道"的境界还差得远，大师的赠名自是不敢承受。

他思前想后好久，决定还是以“诚”字为首。“诚”，对吴清友有偌大意义，这是父亲吴寅卯的家训，他时常提醒每位孩子：“财物有时而尽，唯有诚字终生受用不尽。”这也是吴清友把第一家公司命名为“诚建”的原因。

那书店呢？第二个字应该是什么？有天他福至心灵，想到人文、艺术都需要品味。“品”，也能象征自己重视的——做事要有品质，为人要有品格。

“‘品’作为第二个字应该不错！”吴清友有个习惯，每日都会找空档独坐静思、记笔记与整理思绪。他写下“诚”与“品”两字，并定义：“诚，是一份诚恳的心意，一份执着的关怀；品，是一份专业的素养，一份严谨的选择。”细细咀嚼，愈益觉得应该就是“诚品”。

当天回家，他兴奋地跟太太分享，平日对姓名学颇有研究的洪肃贤一听，立刻帮忙算了笔画，跟他说：“诚品，这个名字好！”书店与画廊终于诞生了能代表创办者心念的名字。

如果查询诚品的英文名“eslite”，是找不到中文翻译的。其实，它与英文的“elite”一样，是“精英”之意，当年因为英文已被注册，一位员工急中生智，查阅《韦氏大辞典》，才找到古法文的精英“eslite”。

“eslite”不但是诚品独创的英文名，吴清友赋予的“精英”定义也很不一样。他认为，“精英”这个名词不该是社会阶级，而是发挥每个人生命的精彩。因而诚品谈的“eslite”

eslite 誠品

誠

是属于普罗大众，指的是每个人独具一格的潜能发挥：

“每个人的人生际遇、先后天的因缘都不一样，但每个生命都有机会发现、寻找出生命里独具一格之所在，我把这称作是每人生命中的‘eslite’。这个发现可能是因为一本书、一句格言、一首歌曲，或是一幅画作、一场展演，在某个时刻，打动了一个人，去启动生命中的‘eslite’之旅。一如我自己，从阅读经典里，寻到了存在的积极意义。”

仁爱圆环的阅读殿堂

一九八九年三月十二日，吴清友酝酿四年的人文艺术书店之梦，经过近一年的紧锣密鼓筹备，第一家“诚品”正式开幕。

她坐落在台北最富绿意气息的仁爱圆环。书店位于地下一楼，推开厚实大门，迎来悠扬古典乐声，拾着白色大理石阶梯而下，书店挑高场域中央挂着大灯，柔和黄光映着沉稳的原木色调，书架上，建筑、艺术、舞蹈、文学、音乐、戏剧、摄影……书籍井然有序排列。远看，像是一格格美丽的画框。

从一楼到二楼的空间里，有 Tea House、花店、后院小花园，还引进当时少见的西方经典工艺品牌，如：皇室御用骨瓷的英国国宝级 Wedgwood、创立于十八世纪的爱尔兰顶级水晶工艺 Waterford[1]、法国造币局、大英博物馆艺品、法国织品品牌 Manuel Canovas（曼纽尔·卡诺瓦斯）、以制鞋工艺闻名的意大利百年时尚品牌 Salvatore Ferragamo（萨瓦托·菲拉格慕）等。这些品牌的共通之处在于人文美学的文化底蕴。可以说，老敦南店一开始就是以“在书与非书之间”的空间原型呈现。

诚品画廊的空间，原是大楼的地下游泳池，吴清友当时一见天光洒落水池，流光四溢，便决定租下。诚品画廊于一九八九年五月二十日开幕，晚诚品书店两个月。

充满优雅文艺氛围的“诚品”一开幕，便造成台北文化圈的轰动，文化人奔走相告：仁爱圆环有家诚品，用原木与大理石来装潢，高雅有气质，选书又专业，一定要去朝圣。

当人们惊讶于诚品书店创造出这个时代自成一格的文化气场、人文涵养，这可归因于吴清友从一开始，就没有把诚品视为单纯卖书的书店，而是回归人与阅读、空间的基本精神——诚品的空间设计与氛围营造，都是为了阅读的延伸，期待成为一个“款待书、款待人、款待心情”的场所。

那个年代的书店，大部分是将书堆在地上，收银台视角还会被一摞摞高叠书塔占据，店内走道并不宽敞，只容一人

（1）Wedgwood（玮致活）与 Waterford（沃特福德）两大品牌均创立于十七世纪，一九八六年，两者合并为 Waterford Wedgwood（WWRD）集团。

通过。诚品以款待书与读者的空间氛围、专业选书的职人态度，融合古典书房美学及当代生活想象，在九十年代初期，展开了另一种新鲜的视野。它告诉台湾人，知识原来可以这样被尊重，读者能够这样被款待。

荣格说，当一个人身处中年过渡时期，内在会出现思索生命的心灵重组活动。这样的情形也出现在吴清友身上，他因而在一九九一年，扩大老敦南店的书店空间。

某天，吴清友站在诚品老敦南店二楼的名品区，环视偌大空间，心里突然浮现一个念头："这么大的空间只拿来服务特定的人士，实在可惜！"

他检视自己创办诚品的源头，就是想分享阅读的正能量，"这里应该要服务普罗大众才是"。与团队讨论后，他决定扩展选书触角，加入创意与生活两大领域。诚品从人文艺术专门书店转为"人文、艺术、创意、生活"综合书店，自此定调品牌核心价值。这个决定，也为广大的读者开了一扇经典阅读的世界之窗。

地下一楼仍以美术图书为主，一楼的 Tea House 与国际工艺品维持不变，二楼书店则从"人文、艺术、创意、生活"四个主轴出发，规划了当时前所未见的书区与书种，如儿童绘本区、文库区、主题书区、古书区、海报卡片区、生活风格区、文具礼物书区、人文学科区，同时引进国际知名的风格文具与设计礼品。

书店架上的每本书，都是该领域员工与外部顾问组成的专业团队所选，选书原则广纳百川，尤为重视能够启蒙、影响、创新时代的代表作品。

比如，占地近五十坪[1]的儿童绘本区，囊括了多语系的儿童绘本；杂志区拥有全球最具代表性的杂志；外文书籍做到几乎与全球同步上市，因为时区的关系，常是亚洲首卖站之一。专卖古书的书店在国外很普遍，但在台湾少见，诚品搜集台湾早期及国外罕见的出版品，更在店内举办同好交流的古书拍卖会。在西方，许多著名经典不是以学科分类，而是判断其在文化史观的重要性。诚品打破僵化的分类，规划文库区，引进哈佛大学古典文库、牛津大学世界经典文库、人人文库、英国企鹅文库等世界知名文库。

除了服务台，每一书区设有该领域的专业达人（后来诚品纳入内部认证考试），提供读者找书、选书的咨询服务。阅

（1）坪，面积单位，1坪约为3.3平方米。——编者注

读座椅像是空间的精灵，轻悄呼唤着阅读者来到它们身边共读。在诚品每个角落，都能寻到人与书相遇的现场风景。读者自在地窝在诚品一角——椅子、阶梯，或率性坐在温润的木地板上，在悠然沉静的古典音乐声中，进入阅读时光。

“书店最动人的是每个来书店的人的面容，不只是脸上的表情，整个人都会应着这个环境，融合在一起。每个人在书店的姿态都不一样，他怎么走进一个书区，在书柜前沉思，或是找寻心中的那本书……那个画面非常美！”诚品书店总店区督导周钰庭当年还是大学生，走在仁爱圆环时，被两层楼高的诚品吸引入内，立刻爱上每个角落，更从顾客变成工读生，毕业后更成为正职员工。

某种程度，吴清友重新开发了一种新的阅读形式——走进诚品的人们，在优雅的空间美学氛围中，感受到身心被安顿了，从外在行为开始，自动放慢脚步，轻声细语，再从容进入阅读的情境之中，形塑出静谧安定的“场所气质”。

经营一种“场所精神”

创办诚品之初，吴清友就有所坚持，不做传统书店，也不做制式商场。

举例而言，因为是以“人文、艺术、创意、生活”为起点，诚品坚持不卖升学用的教科书，以及庶务性文具，即便周转率再高。仁爱圆环有复兴中小学、仁爱中学、仁爱小学与群聚的办公大楼，每天都有家长带小朋友进来找教科书，附近上班族也会进来问庶务性文具，诚品的员工常要请顾客到附近的书局买。

她也不是制式商场，商品专柜要与“人文、艺术、创意、生活”相关，选品原则是要能带给读者一种生活风格与品味意识，像是一七四二年创立，瑞典最古老的水晶工艺品牌 Kosta Boda；可可·香奈儿与卓别林都爱的法国百年精致美食品牌 Hediard；每只泰迪熊的耳朵都有个金耳扣的德国 Steiff 娃娃。

吴清友是以人文思维作为原点出发，来经营诚品。

“我们不仅把书籍视为商品，更视为人们智能的结晶与作品；我们不把读者视为消费者，而是把来到诚品的每一个人，都视为值得尊重的生命；我们不说时间就是金钱，而把时间当作生命中珍贵的某一个当下。”在他的定义里，诚品经营的是一种场所精神，不只是“书店＋商场”的空间场域，而是富含“场所精神”的阅读、分享和安顿身心的文化场所。

“阅读可以发生在书与非书之间，书店不但是传播知识的场域，更可以成为各式艺文展演的文化场所。既然是一个文化场所，我们就必须在重视空间美学的同时，注入有能量、有气质、有个性的场所精神。场所精神并非我与诚品团队所能成就的，是必须让城市中的多元文化，通过多元活动，邀请多元面向的市民共同参与。它是通过人、空间、活动激荡而生的文化氛围。”

阅读之外，诚品关注时代的脉动、土地与城市的人心。

一九八九年创立的诚品，反射着时代印记与文化身影。她是大胆的新，与艺文界共同创作，人文、艺术、创意的活动在其场所激荡、发酵。她用原创性回应集体潜意识的召唤，以一个“在书与非书之间，我们阅读”的优雅场所，创造空间美学的质变指标——人文是一种品味，从容是一种氛围，气质是一种创作。

建筑评论家阮庆岳认为，二十世纪九十年代，诚品敏锐也准确地展现中产阶级兴起，空间美学品味也必须迅速响应的事实，“以精英、人文、优雅的风格，以及遥遥与全球化对语的姿态掳获人心，提出前所未见的新形态都会公共空间，成功扮演空间美学风潮指标”。

诚品也是古典的旧，以“经典阅读”模式，通过人、空间与活动，形塑文化氛围，并兼顾社会的多样性与差异化，联结书店与城市人文的意义。

诚品的主题书区针对如性别平等、本土文化、生态环境、社会活动等时下议题，做为社会发声的重要管道，象征参与，也是唤醒；解读现象，更是发省。这样的主题书区日后更成为诚品每家店的独立策展平台。

诚品里，阅读活跃而缤纷，小剧场、摄影、书法、舞蹈、纪录片、同性、女性、电影……轮番上演，同台交会。联结社会时势，反映世界潮流，也呼应每个内在心灵的渴求——吴清友说，在过去封建保守的年代，个体未显现的潜意识被压抑于群体制约中，很难发声，但自由之声却是每个独立生命个体的渴求。

在诚品的空间策划、举办各式各样的演讲、座谈与文化活动——诗人管管、向明、洛夫朗诵着他们的诗歌；余光中、林怀民、黄春明、李昂诉说于现代文学；优人神鼓展演了五周年回顾；林献堂、莫那鲁道、蒋渭水显影在台湾风土人物影像展。

诚品与艺文界像是共生体，前者是场所精神的营造者，后者是源源不断的内容提供者，共同创造文化影响力。

譬如，九十年代女性主义在台湾开始受到重视与大量论述，诚品的艺文空间反映时代的性别议题，将第一个活动献给了女性。邀请文化人陆蓉之策展“女性艺术周”，号召十八位女性艺术家，通过她们的作品与讲座，交互探讨女性意识与空间、社会文化的关系。

譬如，星期五的夜晚来读诗吧！从一九九二年八月七日到一九九七年的十二月五日，每个月的第一个星期五，在诚品的场域里，爱诗人与诗人相遇。[1]“诗的星期五”引起回响，后来移师到老敦南店的后花园。

诚品之于城市的 In Between 思维

吴清友认为，就现实的重要性，诚品只是城市中的一小部分，城市的整体才是真正至关重要。诚品在思考区位定位时，就像一个具人文关怀的建筑师，重视东方思维所讲的人与他人、人与社会、人与自然之间的关系。

一九八九年九月，在中山北路二段与民权东路口的四层楼旧中山店，能观察到诚品蕴含的城市精神。

中山北路一直是台北市交通要塞，比邻而居的大楼，众多招牌如紧凑石堆，就算是首次造访也不会忽视这扑面的商业意象。诚品地处两条大路交叉的转角，大门正对中山北路，是台湾俗称的高价值店面“三角窗”。从商业思维来看，这是广告招牌的黄金地段。

而吴清友却选择在这里创造城市留白，营造都会呼吸的空间。他想：“这是人潮多的台北市街角，希望诚品能为繁忙

(1) 一九九二年八月七月的星期五晚上，台湾现代诗界现在仍津津乐道“诗的星期五”，在诚品世贸店展开第一场诗歌朗诵会。由“诗的星期五”发起者洛夫，与诗人辛郁轮流朗诵自己的作品，解析当时的创作观点，并与现场听众对话。那一晚，原本预计近百人的席位，来了两百多人“听诗”。

的都市营造出一处宁静，让人们能享受一份从容，即便只是等待红灯时的短短几十秒。”为此他特别邀请台湾知名建筑师简学义来设计建筑外观立面与室内空间，从观照都市与人的角度出发。

建筑物是会说话的，它们悄声道出设计者与环境的对话。这栋四层独栋建筑花了两年整建，由宜兰石构成的极简灰的洗石子外墙，内敛而纯朴，唯一装饰是透明的八扇大方窗，像是城市喧嚣节奏的休止符，没有丝毫含糊，稳稳撑住天际线，与周边景观融为一体，形成一种不容忽视的安静力量。

屋顶中央开了大天窗，阳光洒落成屋内的美丽“光井”，一楼是建筑设计、美术专业书店，二到四楼是代理的 Knoll、Cassina 精品家具、欧美博物馆的大师作品等，沿着原木楼梯向上，仿如走进光天云影。旧中山店成为九十年代台北具代表性的建筑设计，也是当年学建筑的莘莘学子必访之地。

“当谈到建筑，应考虑建筑与都市、环境、人的不同功能，也就是人跟都市之间、人跟居住者之间的关系。它其实是一种价值跟观念引导在先，衡量、处理所谓的 In Between（之间），之后才去谈建筑与被赋予的功能应该如何表现。”这是吴清友的建筑观点，从中可见诚品所重视的场所精神：场所是一种气质，空间是一种美学，设计是人文关怀。

可惜，旧中山店因约满被房东收回，前后加起来只有六七年。但 In Between 的思维经过二十多年，已内化为诚

品的品牌思考，形成独具一格“人与自己、人与空间、人与活动、人与人”的“之间”创新象限，也是企业差异化策略的关键思维。

04

文化引路人

探索脚下的风土

书店之于一个城市，是文明的灵魂。愈活跃的城市愈有精彩的书店。

一九九三年开始，诚品不再只是台北的诚品了！她通过书店本身的渗透动力，先在台北市的商业精华区激活阅读文化，再走进不同城市、小区，像是一个文化引路人，每到一处，都以激活当地读者美好阅读经验为使命。

除了一九八九年的老敦南店与旧中山店，一九九二年，诚品在信义路五段，台北世贸中心对面开了以“阅读企业人文”为定位的世贸店。一九九三年，第四家店进驻中台湾，在台中自然科学博物馆内，是一间以“自然生态阅读”为主调的科博店；一九九五年抵达南台湾的高雄汉神店，是诚品第一次在百货公司设店：同年桃园统领店开幕，这里拥有独立的儿童书区与诚品文具馆。

一九九七年，新竹护城河畔出现独栋五层楼的诚品，在古城与科技的新旧交陈，赋予风城更多人文生活气质。那一年，全台百货也有个新鲜事，诚品在台中中友百货内，以七百坪空间，挑高八米的环型书区，翻新台湾书店设计的气度，开大型综合书店在百货公司跃升营运主角之先河。同年九月，跨出都会区，开了迈向城镇普及的首店——屏东店。

一九九八年，展店地图纳入中坜店，以及南台湾第一家独立大店、位于长荣路与府连路口的台南总店（二〇一三年租约到期后搬到东区文化中心旁德安百货，现在的诚品生活文化中心店）；一九九九年，到了嘉义，店里特别规划“嘉南专柜”，是诚品最早的当地文化专区原型；二〇〇〇年，在基隆庙口旁开了基隆店；尔后，美丽的兰阳平原上也有了宜兰友爱百货里的诚品友爱店。

一九八九年到二〇〇〇年，诚品团队新展店三十九家。尤其一九九六年到二〇〇〇年，进入展店尖峰，平均一年展店五至六家；二〇〇〇年，扩点速度创下年展店十一家纪录。

诚品不只是一家书与非书的新形态书店，更在台湾的不同城市，扩大书店接驳文化活动与市民生活接触的功能，把精英文化大众化，把大众文化精致化。长年与出版界、艺文界、表演艺术界、设计界展开深度合作，不论是经典复兴、前卫创新、批判写实、小众另类、抽象艰涩、主流趋势……各种题材与体裁在诚品涓滴成文化流河。

她在推广阅读文化着墨极深，在各店举办演讲、座谈，找来各领域达人导读分享，强调阅读并非高不可攀，而是融入生活，滋养了九十年代的文化青年，也是台湾六零后与七零后在他们求学时期或社会新鲜人阶段，认识多元世界观的管道之一。

同时，诚品广泛引进世界各地的出版品，每月推出诚品选书，领域无限制。之后，扩大选品类型，包含音乐、电影、特色文创礼品、家具家饰用品、优质食品等。

台湾 *Ppaper* 杂志如此定义诚品现象：“诚品书店为我们培养出的阅读习惯是一种态度，对品味的自觉、对自我提升的追求，同时我们亦可以将之视为近代台湾对生活美学的再启蒙。”作家杨照也形容诚品的诞生与崛起，不只是一次商业行为，更是台湾社会中重大的文化事件。

诚品迷的“书店夜未眠”

一九九五年九月，台湾文化史有个“重大事件”，让社会见识到原来年轻人的通宵场所，除了 KTV、酒吧、家里书桌前，还有书店，年轻人还愿意为了一家“书店”夜未眠。这家书店的名字叫诚品。她也做了一件一般书店不会做的事：“开趴”！

敦南圆环诚品因租约到期，必须告别六年旧址，搬迁到隔壁的新光大楼新居。九月下旬，诚品举办一系列的“喜新恋旧·移馆别恋”活动。其中有个创举，九月二十三日上午十一点至九月二十四日九点，连续营业十八个小时。

那个周末，四面八方的人群走进仁爱圆环，整夜的音乐和啤酒、不断电的演唱会、小剧场与表演。雷光夏、陈明章、数个地下乐团在户外接力开唱；实验剧场、南管演奏、京剧、舞蹈在中庭与室内空间接续出演，还有通宵的跳蚤市场可逛，俨然像是城市的庆典。

十八个小时内，三万人次涌进诚品敦南旧馆，要三个台北小巨蛋主场馆[1]容纳。也是台湾第一次在凌晨四点，进书店还要排队，一路排到户外，还创下单日营业额新台币三百万元，当年老敦南书店的平均年营业额也不过才三千万元。

一九九六年三月，敦南店在仁爱安和路口全馆新开幕，除了艺文空间之外，还增加视听室、独立儿童馆与文具馆，诚品画廊也搬到同一地点。从地下二楼到二楼的千坪空间，集结文化、知性、风尚、美馔、创意、生活等领域，演绎书与非书的多元生活提案。二楼是书店，内含十万种书目、二十三万册书籍，一楼是文具与生活精品，G楼是美馔，B1到B2是“人文、艺术、创意、生活”的主题商场。

（1）台北小巨蛋主场馆作为远程舞台、演唱会等一般形式，可容纳约一万两千个座位。

是在这样的九十年代中期，台湾社会走向了出版、言论松绑的自由，岛屿的个体不再受统治思想钳制，开始恣意追寻各种可能性。

吴清友说，如果每人都能疼惜脚下的风土，这个世界就没有一个真正心灵荒芜的所在。诚品的愿景是希望把“人文、艺术、创意融入生活”，与普罗大众分享。

随着敦南店搬迁扩大，加上诚品走进台湾各城市的脚步，所累积的活动能量与文化厚度，让诚品得以有更为开阔的关注视野。在大众流行与小众另类之间，在都会与非都会之间，走进市民日常。其所注入的阅读、讲堂、艺术、展览、表演等多元文化活动，从初期的每年几百场，成长为一年几千场，至二〇一六年举办了高达五千多场次。最难能可贵的是，诚品一直到二〇〇四年才开始获利，虽然历经连续十五年亏损，仍坚持着“自己的土地自己疼惜，自己的文化自己耕耘”的理念。

一九九七年“诚品讲堂”成立，“阅读”变得立体起来了！

诚品团队探寻、挖掘各领域的专家学者前来“讲学”，放大纵深，缩影时空。从空间、建筑、生活风格、艺术、电影，到哲学、历史、趋势、文学、音乐，穿梭古典与当代、融合东方与西方，无不深谈，开启华人社会的民间讲学新风气。

当年，“诚品讲堂”讲师之一的詹宏志跟诚品生活协理谢淑卿说：“诚品讲堂应该是台湾最不功利、最纯粹追求学问的地方了！”谢淑卿说，诚品人策划任何活动都是全程参与，投注远超过成本的心力，像每期课堂规划都是诚品团队与授课师资多次讨论的心血结晶，若想邀请新的老师，也会先去大学课堂旁听。

“它是书店，但其实却又早已不再只是书店，而成为台北文化地图的一个地标、一枚记号。诚品之于文化台北，就仿佛埃菲尔铁塔之于巴黎，它们都带着城市走往想象和期待的方向”，文化评论家南方朔是“诚品讲堂”拉开序幕的授课老师之一，分享过全球新伦理、全球化等题目，“现在的诚品讲堂较以生活化的主题为主，如生活美学、艺术、时尚流行等，这透露出来的意义是：诚品二十年来见证了台湾的文化趋势，跟随着时代一同产生变化，让诚品风格也随之不断更迭”。(1)

与城市文化集体创作

行色匆匆的人心也向往书店风景。一九九八年，诚品进驻捷运台北车站，经营一个能短暂让心灵停泊，整顿好再启程的车站型书店，二〇〇〇年，也到了板桥新站与龙山寺站，人与书开始在转运站相遇。

她关照的族群从成人到年轻人、儿童，像是把阅读融入

(1) 诚品二十周年时，南方朔回忆曾在“诚品讲堂”开过一门“全球化时代的未来知识分子”，九十年代末到二〇〇〇年年初时，全球化议题正热，参与的听众非常踊跃，盛况令他记忆犹新。

年轻流行文化聚集地的西门店；在台中火车站前，开了属于十三岁到三十五岁新世代的龙心店；当时的台北民生二店考虑小区的需求，特别强调儿童阅读书区的完整性，设立了儿童戏剧舞台。

如果说，一九九五年前的诚品，在她的场域化身为城市思潮的交会之地，一九九六年后的诚品，则渴盼关照民众的文化生活。诚品与各界团体合作，走进城市的广场、街道、天桥，以亲近大众的活动形式与议题，让公共空间化身文化舞台。

例如，诚品尝试举办户外音乐会，一九九六年暑假，从七月初到九月底，连续十三周的周末夜，与《破报》、台北爱乐合作，邀集陈升、雷光夏、吉他诗人董运昌、电音@llen、英国PeterSuart、香港Juno乐团等各类型音乐人，从优雅古典、流行摇滚、抒情民谣到迷离电音、前卫实验，周周在敦南店户外广场红砖道上开演。

诚品也与艺术家合作，转化人文关怀为影像艺术，在城市的天地间，唤醒大众对社会弱势的重视。

诚品的世界里没有绝对，但又具备了某种定性，兼具严谨与诗意，不断体现时代的意义。一家家风格各异的诚品，细心滋养着进出其中的广大读者，自由联结自我与空间的关系，累积出个人与集体的情感记忆。

“每一块土地都是地表上独一无二的坐标，人和土地是不可分割的，土地给了人的生命一种最原始而安定的力量；诚品对土地是尊重的，不管是诚品或市民，都是这块土地、这座城市的一部分，诚品所扮演的，是‘参与城市文化塑造’的成员之一。对于这种参与，我们有很多的想象，那会是在某种层面上，为社会注入正面的能量，而那其实是一种与城市文化集体创作的过程。”

在吴清友的理念下，诚品总想回到人与土地之间，去探索当下时空的社会。特别是具有指标性的店，都是团队经过反复研究、思考最符合当地人文风情、环境景观(1)，同时因应在地的族群特性，不断翻新经营向度，展现书与非书的空间美学。

许多民众记忆中的天母中山店，融合天母休闲生活形态与异国情调。运用长缓斜坡，缓和入门的心情节奏；成片落地窗与屋顶天窗，引进户外的阳光与绿意，增添阅读乐趣；荷池绿荫的后院，提供台北少有的露天场所及表演空间。诚品让一向边缘化的小剧场界，在这里上演一部又一部的人间剧展。

位于老台北西门町的西门店，运用挑高设计，将过去今日百货电影院改造为给年轻人的书店生活片场。以原木和黑铁架塑造文艺青年风尚，从地下一楼到三楼，集结书店、流行、

(1) 一九九六年，诚品与工作伤害人协会共同策划，在诚品敦南店外的敦化南路安全岛上，展出摄影家何经泰的二十幅巨型作品“工伤显影—血染的经济奇迹”。同年，位于台北车站的诚品大亚店开幕，当时大亚百货连通到台北车站的那座一天五万人流量的灰色天桥，在台北文化基金会协助下，诚品与市府合办“天桥影像展——作家身影”。

工傷顯影
血染的經濟奇蹟
何經泰攝影展

黃春明

服饰、美食。三楼的诚品书店特别强化表演艺术、漫画、生活风格等书种，邀请年轻人将阅读当作一种乐趣。

设于中友百货十楼与十一楼的中友店，是诚品在中部的第一家大型综合书店。以“书店是跨越时间、空间的旅行”概念，善用挑高八米的空间，开展三层迭序的环型书区，在一圈又一圈的回旋与几何线条之间，创造出既开阔又隐蔽的阅读风景，每个人都可以找到适合自己的阅读姿态。

一九八九年进入诚品，满二十五年退休的曾乾瑜参与诚品深耕土地的过程，他说："诚品对于每个空间，都要找到对的人来设计；不同的店，会特别去寻找当地的建筑师与设计师合作，融入当地文化意象。"

二十多年来，诚品与不少有文化理想的建筑师、设计师合作，如获得美国建筑师协会颁发荣誉院士的华人建筑大师姚仁喜、以品味美学获得亚洲最具影响力设计大奖的陈瑞宪，以及简学义、黄声远等多位台湾知名建筑师，打造出诚品诉说的在地文化故事。

全球第一家二十四小时书店

龙应台曾说，台北的诚品书店在广大的华人眼中，是一个重要的台北文化地标，“这样的书店可以成功，不仅只是一个经营的技巧而已，它需要社会多元开放，更需要数量足够的、相对成熟的读者群体。诚品书店的成功，意味着我们在一个有人文的城市里”。就是在这样的城市里，孕育了第一家二十四小时书店。

敦南店在搬迁时，对读者进行了一项“每个人心目中的理想书店”调查，发现老敦南店不打烊的活动深植人心，还有人描绘心目中的书店要有清扬的鸟叫声。“可不可以有一间永远不打烊的书店呢?”是读者这样单纯的梦想打动了诚品，经过评估之后，决定放手一试。

一九九九年，敦南店成为全球第一个二十四小时书店，把“阅读”纳进台北的夜生活。在时间恒河中，一个文化地标就此成形。

每年，除了上下半年盘点与除夕夜的三个晚上，其他日子都是二十四小时营业。碰到强烈风雨的台风夜，明知不会有什么客人上门，依旧营业。时任诚品书店总店区总督导潘晃宇说，台风夜有很多游民会来敦南店避风雨，“就算没有生意，我们还是要开。就像吴先生所说，阅读是基本人权，书店是众生平等的场所”。

因为二十四小时营业，敦南店光是打扫时间就很特别，只能选择最安静的时刻，时间落在早上八到十点；天花板的灯因长时间开着，每月要全部检查一遍。深夜的敦南店，也是诚品面对最多众生样态之处，有学生、明星、旅人、失眠者、流浪者、孤独者等形形色色、不同心情的人们。

二十四小时书店，也带领诚品从二十世纪跨入二十一世纪，确立了她在世界书店地图上的独特性。二〇一五年，CNN（美国有线电视新闻网）说诚品敦南店是全球最酷的书店。文化评论家陈冠中形容：“台北最重要的闲游点，是书店，特别是诚品在敦化南路年中无休的旗舰店。一家店就可撑起整个闲游空间，更不用说每一本书或许指涉万千世界。诚品书店在台北已不只是书店；是酷，是嬉。本来不近书的人也被带动，也可感受到它的氛围，而接触书。”

二十年来，诚品敦南店最令人心动的，是不论物换星移，书店的灯光永远闪耀阅读世界中众生平等的初衷光芒。

这正是诚品书店二十四小时不打烊的真义。

第二部

2001—2010
有一种阅读，存在每人心中

阅读可以让骄傲的人更谦冲，让消沉的人自我成长，
阅读的向度实在太开阔了！
——吴清友

05

经营是哲学问题

Benefit 与 Profit

二〇〇一年后，诚品展店的脚步进驻校园、科学园区、古迹建筑，也走进了医院，来到了购物中心。

飞越千禧年，台湾在二〇〇一年实施周休二日，那年开幕的“中坜大江店”就规划全家共读，以动物造型的空间巧思，创造亲子家庭休闲阅读乐趣。二〇〇二年，在高雄大远百购物中心十七楼，开出一千坪、由陈瑞宪设计的全台最高知识殿堂。视野从阶梯书景一路延伸至大片落地玻璃窗外的海港城市，这家店在二〇〇四年荣获香港设计中心的“亚洲最具影响力设计大奖”。

走上高楼，也遁入城市地底。二〇〇二年在东区地下街，诚品打造了一个集合阅读、生活、游戏与想象的生活万花筒；

也在维多利亚建筑风格的台北光点，以及两厅院的戏剧院内，分别开了电影与城市主题的“城市之光店”、“表演艺术主题的剧场生活店”……总体来说，进入二十一世纪的诚品，展店形式更为多元，有“敦南诚品”的总店，也有像“诚品音乐店”的独立店型、“城市之光店”的专门书店店型，以及如“台大医院店”的医院服务店型、“高雄大远百”的百货店型、“台北车站店”的捷运交通店型，各自有着精彩的场所调性，也形成诚品“连锁不复制”的展店策略。

诚品运用“书店场域”创造出“人文城市”的功能，以阅读为核心精神，关注社会议题、土地需要、时代流向、深度文化，引领与触动来到诚品的人们产生觉察。通过每家分店，诚品与在地文化人合作，耕耘所在区域的文化生活，以书展、讲座、展览、表演艺术、系列演讲等不同知识传递形式，存在城市生活的片刻场景里。

她是林怀民在国外表演时的乡愁：“每当我感到需要安慰与疲累时，就会到诚品逛逛。摸着书，看着书，都觉得在认识朋友。而诚品就是经常给我介绍朋友，对我最为熟稔的那个朋友。”

她也是余秋雨对台北的回味：“我的心，并不只是钟情香港；我对上海、北京、台北也眷恋不已，诚品书店所代表的台北文化圈，让我回味不尽。”日本作家新井一二三甚至为了诚品，认真考虑移居台北的可能性。全球趋势大师大前研一亲眼见识了深夜在诚品的众多年轻读者，说出：“相信台湾已经步入知识型与创意型的社会。”

她是童子贤心目中最美好的图书馆:“诚品做到了这个社会真正需要的公共图书馆，让台湾学会了安静，也像滋润泥土的春雨，让阅读文化如雨后小草在各个角落滋长，根本是流动的文化飨宴。”

诚品的魅力也让“文建会”在二〇〇三年提出“公共图书馆空间及营运改善计划”，希望参考诚品的成功经营观念，重新改装原本冰冷的图书馆空间，营造具地方特色与温馨有趣的阅读环境。

展店最高峰时，诚品在台湾这张地图上，有超过五十家店。然而，这并没有让诚品获利，二〇〇〇年到二〇〇三年反而是经营最艰巨的黑暗期。

哲学的利益 vs. 经济的利润

就算身处经营最为艰辛的黑暗期，吴清友依然坚持优先关照与终极关怀是人、生命与阅读，并落实到实体的商业世界，形成诚品团队努力实践的价值思考——先利益（Benefit）读者，才有资格谈获利（Profit）的利益思维，这也是他对家乡这块土地的许诺。

“我们不是把每一个来的顾客当成是消费者，而是一个独立的生命个体。一个人是有心灵的，然后，他的心灵在不同时刻有不同心情；千万个心灵，就有亿万种心情。”

因为重视顾客的心灵感受，就会思考所提供的服务对他们有何利益，书店就不会只是买卖交易的营业空间，而是一处能够触发读者随着心情自由阅读、心灵安顿的场所。正如最早谈管理、社会责任、知识工作者的现代管理学之父彼得·杜拉克[1]所言："凯恩斯感兴趣的是商品行为，而我感兴趣的是人类的行为。"

诚品的创新，也不是为了竞争差异，而是通过品牌核心理念的"人文、艺术、创意、生活"本质，思考对读者还能再创造出哪些利益。例如在店里举办文化活动、艺文展演，也是因着利益读者的思维而生，而后吸引精彩可期的读者，有了精彩的人，场所自有精神，阅读自成风景，产生了诚品的独特性。

人，才是诚品的经营重点。对吴清友而言，经营是用哲学去思考问题的价值序列，商业利润反在其后。

因而，诚品不是等企业获利后，再来尽社会责任，而是一开始在营运模式中就思考诚品对于人、社会、城市、文化、产业的价值，集体创作当代的城市文化。比如，诚品认为推广阅读很重要，通过诚品这个容器，为各地读者展演、深化、融合与创造出阅读文化。

(1) 彼得·杜拉克（Peter Drucker）在大陆译为彼得·德鲁克。——编者注

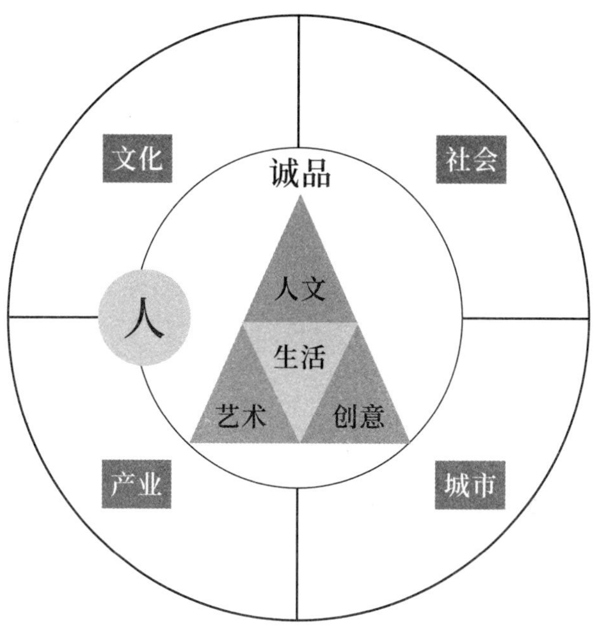
文化
社会
诚品
人文
人
生活
艺术
创意
产业
城市

这也形塑出诚品团队不同于一般的利润价值观。他们认为，“利”不是财务上的数据，“利”是多元性的思考。在经营管理、服务质量或绩效改进时，要能兼顾私利与众利。“利”不是只有数据上的利，还有价值思维上的利，是利他还是利己，是短利还是长利，是近利还是远利，都要纳入决策时的考量。也因为如此，诚品才能与众不同，发展为一家真正关心读者的企业，她真正在乎的是长远的影响力，而不是短期获利。

相较于“利润”思维，“利益”思维是慷慨、良善、同理的，如同赠人予花，手留余香。

“不管经营任何产业，有良知的经营者都明白，事业的根本是要建立在对人类社会有益之上，企业的存在若能让他人有 Benefit（利益），才有可能谈久远。所以，企业要谈的利，应该是哲学层次的利他，不能单指经济性的 Profit（利润），若择一先行，要先利他，先利社会，企业才能得到心安理得的利润。”吴清友说，不是只有诚品这么做，不少基业长青的企业都存在这种特质，如一九五〇年，默克药厂（Merck）创办人之子默克二世就说了默克的经营哲学：“医药是为了病人而存在，而不是为了利润而存在。利润只是随之而来，如果我们能牢记这点，永远不必担心没有利润。”

彼得·杜拉克在一九七七年已明白指出，一般会以“企业就是要获利”来回答“企业是什么”的问题，这样不但是个错误，还是答非所问。他认为，企业是属于社会的有机体，它的目的必须存在于企业本身以外，也就是必须跟社会相关，不能以利润来衡量或是定义。[1]

文化理想 vs. 商业现实

吴清友自认，诚品不是一个成功的商业模式，更不是全球商学院教授的那种典范企业。

“成功的商业案例怎么会赔钱十五年？这代表经营者能力不足，或是模式不够正确。我也不是憨笨的人，若要赚钱，可以有其他的选择，但我下定了决心，诚恳面对自己的信念，就算在最艰苦的时候，只是明白，自己的能力不够好，或者是财力不够。”

不过，一九九五年投资诚品的童子贤不这么认为。他形容，诚品是台湾最“优雅”的商业循环。

“我看得懂，也放心投资。她的亏损是一时的，只要达到经济规模，管理效率就可以提升；真正要看的是，诚品聚集了一群有深度与优雅的人，以及吴清友如何于亏损的年代，在

（1）彼得·杜拉克（一九〇九—二〇〇五）在《企业的概念》《视野：杜拉克谈经理人的未来挑战》《彼得·杜拉克的管理圣经》等著作中提醒：“企业追求经济面的目标，并不表示他们无须承担社会责任。其实正好相反，企业在追求本身利益的同时，也能够自动尽到社会责任。没有利润，企业无法尽到其他的社会责任……不过获利只是企业的基本必要功能。获利极大化的传统理论亦必须被淘汰。偏重获利会误导管理者，往往因此为了眼前的获利，而牺牲了未来。”

文化理想与商业现实之间平衡。”

纯论投资效益，书店不是一个好的产业。原因是，心灵美食与味觉美食有先天产业上的差异。比如，一碗牛肉面在五星级饭店与在路边小店的定价不同，且不论师傅厨艺，光计算营销成本与服务价值，饭店就会比小店高，消费者也接受价格由供应者自定义的市场规则。但像书本这样的心灵美食，放在优雅氛围的诚品与一般书店里的定价是相同的，加上多样少量的产品特性，本身在数字表现上就是微利。

所以，诚品一开始以“书与非书”的书店与商场复合模式经营，不但是一种创新，也是一种理想与现实的平衡。只是，需要较长的等待期来达到规模经济，才有可能达到相对合理的股东报酬率。

其实，诚品从一九九四年之后多次增资，并订下长期展店计划，成立负责专柜招商与商场营运的诚品商场事业部，“诚建”的餐旅事业部也在一九九四年并入诚品。一九九六年，诚品成立负责精致用品、食品、咖啡、酒窖等自营零售的零售事业部。发展至一九九八年、一九九九年，集团小有盈余（每股盈余分别为零点二六与零点一六），年营业额超过新台币六十五亿元，不过，始终是其他产业支持，书店才能获利。

敦南诚品成为全球第一家二十四小时书店后，品牌效益也于国际发酵，吸引英国 BBC（英国广播公司）、法国第五频道等外国媒体注目。从成立的一九八九年算起，按理离十年有成不远。

诚品在二〇〇〇年到二〇〇三年辛苦经营另有其因。

在建立稳定获利的关键时刻，碰上台湾史上三个重创经济的大天灾——一九九九年的“九二一”大地震、二〇〇一年九月的纳莉风灾、二〇〇三年爆发的SARS（传染性非典型肺炎）全球疫情。这三个天灾重挫了台湾总体经济，二〇〇〇年时台湾人年均所得已达一万三千美元，却在二〇〇一年降至一万一千多美元，直到二〇〇四年才回升至一万三千美元以上。

获利关键时刻，天灾重挫

一九九九年九月二十一日，天摇地动的大地震重创台湾中部，造成全台两千多人死亡，一万多人受伤，经济损失超过三千亿元。诚品第一次投资的自有物业——位于台中火车站前主要商圈、地下三楼到地上十楼的“诚品龙心店”，甫开幕一年就受到强震后中部经济不振的影响。

诚品生活通路发展事业群执行副总经理欧正基回忆，“诚品龙心店”在一九九八年开幕，第一年营业额表现很不错，但受到“九二一”大地震后中部经济成长迟滞影响，营业额急遽下滑。加上灾后重建的台中，城市的发展重心又转移到重划区，使得龙心店所在的商圈，在人潮转往七期等新商圈后逐渐走下坡路。

屋漏偏逢连夜雨。二〇〇一年九月，全球还在美国“九一一”恐怖袭击的惊魂未定里，台风纳莉袭台，停滞陆地长达约五十小时，引发多处泥石流，全台有四百零八所学校遭到重创，近一百六十五万户停电、逾一百七十五万户停水。因雨量庞大，又逢大潮，基隆河倒灌市区，大台北水淹两三层楼高，捷运板南线、淡水线遭洪水淹没，交通枢纽的台北车站亦无法幸免，市政府光是抽水就花了十五天，捷运停驶三个月，灾情十分惨重。

诚品是重灾区的“受灾户”，敦南店、台北车站捷运店等多家书店几乎全数“泡汤”。大水肆虐后，店面严重毁损，满室的混浊泥泞里还有一堆“漂”来的垃圾，满目疮痍。

诚品生活资深协理曹慧文那时是捷运店团队，当她踏进地下一楼的店面，差点没法子喘气，水灾退去后的地底是令人窒息的恶臭，“店内全被淹掉了，望眼过去，有如身处大片沼泽地。我们跟厂商进行清理重建时，虽然大家全程戴着口罩，但每两小时就要上楼，呼吸新鲜空气。那阵子我们都笑自己很像是电影里潜伏在城市地底的忍者龟”。

纳莉风灾虽然让一部分的诚品书店受创，但诚品的库存都有投保产物险，可以向保险公司申请理赔存货损失。李介修回忆，那时期的诚品书店库存大多采用“月结可退”制[(1)]，

(1)“月结可退制”是指当月的“进货款”减掉“退货款”的应付货款，通路商隔月将应付货款支付给供货商。但若是当月退货款大于进货款，则供货商需要还款给通路商。

由于纳莉风灾重创北台湾，严重影响零售市场，诚品担心市场景气间接造成供货商的资金周转困难，因此在风灾隔天的紧急会议上，决议暂停支付当期货款，先盘点库存与退货，再与供货商对账付款，与产业一起共渡难关。

诚品在二〇〇六年底启动“B2B供应链管理平台导入计划”。当时担任项目总监的李介修指出，这个平台可以让供货商共享诚品书店的“进销退存（进货、销货、退货、存货）”信息，及时掌握每个商品在诚品各分店的存货与销售数据，同时减少买卖双方的重复性工作，借此提升整体供应链效率。也因为B2B供应链平台提供实时且完整的相关数据，供货商可以快速掌握正确的实销商品与库存信息，诚品才改变月结制，采用市场行之有年的寄售制与销结制[1]。

ICU长假

二〇〇一年，吴清友又发生一次生命危机。某日夜里，临睡前，他的背突然出现绞紧般的剧痛。家人连忙叫了救护车，送他到离家最近的新光医院急诊，这次是有生命危险的主动脉剥离。

（1）寄售制是供货商将商品寄放在通路（商品所有权人为供货商），通路商依照实际销售量结账给供货商；销结制是通路商向供货商进货（商品所有权人为通路商），通路商依照实际销售量结账给供货商。

吴清友第一次发病碰上的贵人洪启仁，恰巧时任新光医院院长。一听到吴清友又进 ICU，非常清楚吴清友病程历史的他，半夜赶回医院，与主治医师林佳勋讨论。他们决定紧急用药物治疗取代手术。吴清友也在新光医院的加护病房度过这辈子最长的十七天休假。

为了怕自己的健康状况影响诚品营运，休完“ICU 长假”，吴清友曾考虑是不是应该换人经营。他犹记得，自己列出接手诚品的人选条件，并写了一些名单，还在笔记上写了一句话：“那一年，我哭泣了四次。”

此外，诚品在二〇〇〇年到二〇〇三年营运艰苦的另一个原因是，五十多家分店中，有不少是无法自给自足的。对于捉襟见肘，正费劲全力走出谷底的诚品，无疑是雪上加霜。

“那些店明明就赔，怎么不把它关起来呢？”董事会上，有位股东力劝吴清友不要再那么执着，该关的店就要关，不然会拖垮诚品。

吴清友明白，会投资诚品的股东都是因为认同书店带给社会的正面影响力，他认为诚品即使开了赔钱的书店，只要能够提升当地阅读文化，就是一件有意义的好事！不过，企业经营终究得面对现实的 KPI（关键绩效指标），再难以割舍，到了几乎活不下去的存亡关头，也不得不做出取舍。

为了止血，吴清友最后听进建议，二〇〇二年与二〇〇三年进行通路整顿，总计关掉十多家亏损连连的书店，同时开发具稳定客源的新形态通路，如进入台大医院的医疗服务体系。

“我用情太深了！那位股东的话帮助我想通，只要推广阅读的心不变，把赔钱的店收起来，资源就能重新运用，再选一个好地点，继续走下去。现在回头看，只能讲我们够幸运，才能破除当年的盲点，不然诚品很可能已经不存在了！”

至于接手的人选条件与名单，成了尘封于吴清友心底的记忆。那本笔记本上列出的条件是什么、名字有谁已不再重要。若当时果真换人经营，诚品也不会是现在的诚品了。

隔离衣下的善爱美

童子贤曾对吴清友说：“其实绝大多数的商业决策是哲学问题。”吴清友百分之百同意，因为这是诚品在文化理想与商业现实之间的平衡思考。

二〇〇三年，全球暴露在 SARS 的死亡威胁下，N95 口罩隔绝飞沫传染，却挡不住人人自危的无尽恐惧。

四月二十四日，为防止 SARS 疫情扩散，台北市的和平医院无预警封院，隔离一千多人，黑色忧郁笼罩全台。随后，台湾被 WHO（世界卫生组织）列为疫区，外面的客人进不来，本地人也不敢上街，人心惶惶。

五月，台大医院因超收大量 SARS 病患，对其他病人和医护人员造成重大威胁，宣布关闭急诊一周，进行大消毒。除了医疗团队之外，还有一组团队也坚守在岗位上——第一次标下台大医院店美食商场经营权、得标不到半年的诚品团队。

当时担任台大店营运主任的曹慧文还记得，有个专柜厂商的员工疑似感染，被送进楼上的医院负压隔离病房。当时风声鹤唳，人人对医院避之唯恐不及，但商场主管对吴清友说："即使要穿着隔离衣，也要跟台大医院并肩作战。"

"我们仍然决定留下来，服务那些被隔离的医护人员与病人。外面没人敢送便当进来医院啊！"曹慧文回忆，公司决定医院的员工餐只收五十元，多出的费用由诚品补上。每天供应美食街完整营养、多种选择的现煮套餐，让抗 SARS 前线的医护人员能有体力作战。

当时的作业方式是，每天上午，诚品在收到医护人员与病人的点餐后，开始制作餐点。中午送到指定区域，再由身穿隔离衣、戴着口罩的送餐人员取餐，分送给各个医疗站与病房。这期间，曾发生隔离病房的餐点配单错误，发现时，已经过了医院送餐时间。诚品的员工心想，不能让病人饿肚子，于是全副武装穿上像航天员的隔离衣、戴上口罩，亲自送餐。

吴清友在这期间多次探访同事，并与当时台大医院总务部翁主任保持联系，随时掌握状况。

身处治疗最严重SARS病患的台大医院，诚品团队面对的是稍一不慎，就会被病毒感染的性命危险，她们却自动选择了留在危险的前线协同医院作战。是人文关怀战胜了恐惧和脆弱。

“这样的生命价值在商业社会不一定能生存茁壮，但我们愿意去探索，创造一个前所未有的模式。我们是这块土地孕育出来的一群人，为了共同的belief，心可以这么可爱，彼此相互信赖，共同创作，这是我最珍惜的！”吴清友说。

那一年，台大医院感谢抗SARS期间大力协助的厂商，一个是医疗厂商，另一个就是诚品。

经营的起点，可以从市场的商业模式出发，也能从经营者的生命哲学出发。吴清友与诚品，给了现代经营者另一种可以思考的观点。

诚品读书节

亲爱的同仁：

此刻是七月三十日凌晨一点，一如往常，我在阅读，阅读我可爱的书店同仁近日完成的诚品读书节企划文案。虽只短短的五百字，即使我再从容，仍要重读三次，才觉够味。

同仁的用心与创新，文字的魅力，一旦进入阅读情境，对我，一如往常，仍是不可抗拒的诱惑，仍具致命的吸引力。

今夜巧合的因缘再度重现，我同时读到李欧梵教授在《亚洲周刊》文化观察版的一篇短文《叫夏天读书不要太沉重》，李教授的观点恰与我们今夏读书节的心念是相通的，黄仁宇与萨依德[1]又是我所敬佩的两位作者。

抽笔未能言及全意，但盼与可爱的同仁分享。

总经理吴清友　谨上

二〇〇二年七月三十日

(1)“萨依德”在大陆译为“萨义德”。——编者注

06

赔钱十五年的“阿Q”

你的所得就是你的付出

如果，只是要投资事业，以吴清友的所学背景（台北工专机械科），应该要选择二十世纪九十年代炙手可热的高科技产业。一九八七年，张忠谋成立台积电，一九八九年童子贤等人创立华硕……台湾在一九九〇年通过《促进产业升级条例》后，还能举出许多曾创下成长高峰的科技公司。

如果，只为喜爱艺术、建筑，吴清友大可持续收藏大师作品，买地自建就好。事实上，从一九八八年开始筹备诚品的前后几年，台湾股市从一千点起涨，三年翻涨十二倍。以吴清友对数字的敏感度（诚品同仁形容这位领导人的特点之一），把做诚品的资金拿来投资股市与房地产，财富不知倍增多少了。

计数一九八九年到诚品转亏为盈的二〇〇四年，连续十五年入不敷出，吴清友始料未及，却从未想过放弃。事实上，从一九九六年到二〇〇二年，新旧股东现金增资达新台币二十二亿五千万元。他肩负筹钱、增资和经营的重担，所承受的心理压力，是旁人难以体会的。

家人与亲近的员工都说，吴清友是一个非常乐观的人，不管遇到任何困境，极少会乱发脾气，或口出恶言。

枕边人对于压力的感受最为深刻。

洪肃贤常忍不住问先生：“开一个诚品，把家当都卖了，还跟银行借了一堆钱。你真的都不帮儿女想一下吗？”

吴清友总是安慰她说：“放心！我们现在还是资产大于负债！”

现居的吴宅，当年要盖房子时，朋友推荐一位风水师。风水师问：“吴先生，你要财富，房子就朝南；要健康，房子就朝北；要智慧，房子要朝东。你想选哪一个方位？”

当时，他不假思索地答道：“我要朝东！”经营诚品过程中，吴清友逐渐明白，自己可以享受物质，但追求财富不会是生命中最心仪的目标。当一家四口坐在客厅闲谈，他不止一次语重心长地告诉儿子威廷、女儿旻洁：“为什么我们能够住在这么好的房子里？认真努力的人那么多，为什么我们却特别幸运？哥哥、妹妹，你们是不是要好好珍惜？”

但年复一年，看着不动产一笔笔变现为营运资金，借款金额一天天向上爬升，身为太太，怎能放心？有好几年，洪肃贤按捺下心中埋怨，自己努力跟会，投资理财，帮孩子存下保险基金，才觉得对儿女比较能交代。

关于财务艰困的现实，还有一人感受至深。她是负责公司资金调度的诚品生活财务管理处经理沈玉华。一九七八年时，她就是诚建的员工，吴清友创办诚品后，她也负责诚品的财务。

沈玉华明显感受到“好日子”与“缺钱日子”的对比。做诚建，老板有钱买地；做诚品，老板一直卖地，身家资产一日日全赔进去。看在眼里，沈玉华提醒吴清友无数次：“老板，有需要做到这样无怨无悔吗？”

长达十年，沈玉华常半夜惊醒，烦恼老板有没有顺利筹到钱，担忧明天尚无着落的应付款要怎么解决。她那时最大的梦想就是中头奖，来减轻公司的财务压力。虽然压力大到长年失眠，沈玉华没想过要离开，因为吴清友是她看过最善良的人，就算长期亏损，依然坚持清清白白，正派经营，很让她服气。

有一次，碰上周转金不足，本预计入账的项目款晚两天才会入账。沈玉华心想才差两天，就跟吴清友报告：“项目的工人薪水就跟着晚两天发。”

吴清友听了脸一沉，严肃跟她说：“薪水只能提前，没有往后。那些工人很辛苦，我们晚发了，他们的家庭怎么办？一定要准时！钱的事我来想办法。”日后，资金调度再怎么困难，沈玉华再也没问过吴清友，薪水可否晚发。

诚品生活餐旅事业群总经理吴明都是吴清友的弟弟，一九八二年进入诚建工作，从餐厨设备的业务员做起，也是诚品团队的元老之一。由于长年服务星级饭店客户的经验，他熟知餐厅旅馆用品与生活精品领域，引进了餐瓷、酒杯、锅具、咖啡豆、西式茶叶等国际顶级品牌，发展出诚品酒窖、餐厅、咖啡等零售事业。为了能够更理解各式酒杯器皿的特性，吴明都开始学习酒类鉴赏知识，进而钻研出兴趣。拥有敏锐味蕾口感的他引进欧洲著名葡萄酒产区的优质酒款，甚至有不少是酒庄授权给诚品的独家代理。二〇〇一年，他因推广葡萄酒成绩卓著，获得法国农业部颁发杰出贡献荣誉骑士。

吴明都是家中最小的儿子，与吴清友兄弟情深，一路相挺在他上头的这位四哥。诚品缺钱的日子，吴明都义不容辞当哥哥的保人，遇上资金吃紧，也帮忙想办法，所幸诚建时期累积下来的信用招牌管用，好几次是客户体谅愿意提前付款。

诚品亏损了十五年，吴明都作保的金额也随之增高。有一次，沈玉华碰到吴明都，问他是否知道当时作保累积的金额有多少。“她跟我说有十多亿，我才知道原来有这么多！”尽管如此，吴明都从未萌生打退堂鼓之意。(1)

(1) 吴旻洁进诚品工作后，叔叔吴明都是支持她的良师益友。她回忆：“Nical（吴明都）是一个真正至情至性的人。我刚进公司时，一窍不通，Nical 带我认识主管与介绍餐旅业务，什么都愿意教导我，从以前到现在，对我只有无条件的支持……我知道不管我的能力或表现如何，他都会挺我，这就是他爱自己哥哥的方式：全力支持哥哥的选择！有时候 Nical 被老板责备了，特别难过，但也从来不在我面前抱怨，顶多叹气苦笑说‘嗯……老大说得确实有道理……’这一切我的感受特别深刻。我想起以前吴先生的贴心秘书胡嫒曾经说吴先生，‘灯塔照亮了远方，但灯塔周围是暗处，那些近在身边的人可能会觉得比较寒冷’。这么多年来，Nical 就是老板身边最能体会这一点的人了吧！”

“我无怨无悔！人在顺境与逆境都能有所成长，有了那些辛苦历练的过程，你才会更加珍惜现在，而且我是在做着自己喜欢的事。”吴明都在二〇〇七年升任诚品生活餐旅事业群总经理，二〇一二年时，更带领团队赢得台北文华东方厨房和洗衣房设备超过新台币两亿四千万元的合约。

比浪漫更难的是乐观

毕竟是度过十五年盈少缺多的日子，过程磨人，所有压力就像粽子头，归处是经营者。

理想，令人着迷的是浪漫，但比浪漫更难达到的是，乐观。吴清友的乐观，来自生命无常。

体会过无常，不把得失放在表象的成功与失败，碰到再不好的事，也自有其存在价值，生命的功课就是把存在的价值转为正能量。

“当别人赞美诚品赔钱十五年，还能坚持下去，对我而言，其实是经过这样的坎坷来验证。假使我没有生过病，或许不会有这种思维，每个人生命中的不同因缘，其实都在积累你曾经有过的经验，对你的决策都有一股莫名的影响。因为疾病，你孕育了比常人更强的生命力，以应对某一天的突发状况；除了医生，你必须靠自己，积累乐观、正面、积极、韧性、精进等所有的生命资本。”这是吴清友撑过漫长十五年账面赤字的心志与毅力。

也许记忆会云淡风轻，也许艰辛是淬炼养分，吴清友终究是凡人，压力值总会到达满点。在经营诚品的过程中，每即至临界值，他就会走出地下一楼的办公室，散步到附近公园去“吐大气”（闽南话）。公园不大，已足够让跌宕起伏的心灵喘息、透气。还有一个充电基地，被吴清友称之为“幸福加油站”。那个地方也不神秘，就在敦南诚品的二楼咖啡馆。

他喜欢坐在能望向书店的前头小台子，看着人来人往，“我从进出书店的千百种表情，感受到一种正向、鼓励的氛围，体会了‘欢喜做、甘愿受’的道理”。

有一天，吴清友照例坐在他的“幸福加油站”，突然有个声音在前方响起：“请问您是吴董事长吗?”

他闻声抬头，看见面前站着一位打扮端庄的老太太。

“感谢您让不爱看书的人也走进书店，诚品真的很好!”老太太这句话，激励了当时还在与诚品亏损奋斗的吴清友。诚品是心灵停泊的港口，这是他真实的生命经验。他是诚品的创作者，也从进出诚品的读者那里获得支持的力量。

“在人生的旅程中，不管我有没有能力，或是有没有机会，生命的存在就是不断把负面扭转成正面。‘好代志来感恩，坏代志要练功夫’（闽南话，“代志”为“事情”的意思），然后在这个过程中，探索自己是不是忠诚地面对自己的 Belief,

愿不愿意为自己的 Belief 奉献一生，愿不愿意认为那就是我。”这是把病痛与经营诚品视为生命两个功课的吴清友。

过关的 DNA

每一个抉择，都是决策者的价值体现，而价值的形成来自生命的身历其境。赔钱的时候，他尝试把痛苦变成修行，告诉自己：“我不见得能过关，但纵然过不了关，我也不可能放弃，这是我的 Belief！”这种力量其来有自，与父母给他的身教与言教有关。

“父亲是我生命里最真实的典范，我从小看见他人生的坎坷，他的人格却始终那样的有担当、硬气与精进。”吴清友的父亲吴寅卯出身台南贫穷渔村马沙沟将军乡，是家族中第一位接受高等教育的子弟。走过日据与光复时代，白手起家，成为罐头工厂董事长，五十六岁时，因作保受牵连而破产。当时，有不少人劝吴寅卯脱产，他却坚持“留得清白在人间”。他不要九个孩子往后被人在背后议论，选择坦然面对，回到马沙沟，挑粪、种田、养殖虱目鱼。

人生从清贫到小富，再到一无所有，吴寅卯从不抱怨，也没找人讨债，坚持每个小孩接受最好的教育。吴清友念到小学五年级，就被送到台南市寄读，准备报考初中。他至今仍保存着父亲用毛笔书写勉励孩子的“诚”字。

年近六十从头打拼，吴寅卯还竭尽所能奉献乡里，创设家乡第一所长平小学。更热心公益，号召改建渔村信仰的庙宇，让出海讨生活的渔民有心灵寄托。八十八岁离开人世时，遗言是要子女把他的财产全数捐给遭遇海难的家庭。

吴清友的母亲活到九十岁，勤俭持家，一辈子为家人无怨无悔。“她虽然没受过什么教育，却让我懂得何谓付出的智慧。”小时，吴清友跟母亲下田工作，曾觉得每次天灾一来，日日辛苦耕种的农作全数毁于一旦，真的很像村里长辈形容的“艰苦吞腹内，无语问苍天”（闽南话）。某次，年纪尚小的他忍不住在嘴里嘀咕：“这一点也不像老师说的一分耕耘，一分收获。”

母亲听到儿子的“心声”，笑了笑，和蔼告诉他：“清友！我们真正能拥有的其实正是我们的付出，只要努力过了，那便是你真正的所得。”经营诚品的过程，吴清友常想起母亲对年少的自己说的这句话，愈益明白，人所能拥有的就是自己的付出。

“我的父母给了我相当多的养分，好像是在帮我练武功！假使没有活过那个年代，没有碰到这样的父母，当我面临病痛与经营的困境时，能否度过，这会是个问号。我心里明白，不是自己厉害，是因为有这么多的好因缘给我力量！”

此外，因喜爱艺术，吴清友结识不少艺术家，从这些创作者身上，他也看见生命的修行者，其中有几人是他钦佩的榜样。

其中一位是林怀民，为了台湾现代舞而创办云门，甘愿过清苦的生活。在吴清友的心里，这位老友是台湾精神意象的新希望，是生命与艺术创作的苦行僧，也是梦想与浪漫的真实映照。

建筑大师王大闳，亦为吴清友最为钦佩的长者之一。他曾到王大闳天母的居所做客数次，近距离看见大师内外兼修的素直与谦冲，起居生活也如同修行人般极简律己。

“建筑是一个人的生活容器，大闳先生的建筑设计观、艺术观、生活观、价值观四者合一，不只是作品，更体现身为人的精彩度，他的生命主张、设计与生活是高度一致的，内蕴丰富无限的精神向度。”

吴清友还欣赏雕刻家陈夏雨[1]。陈夏雨忍受贫苦与孤独超过五十年，他的人就像其所创作的一手握着鹤嘴锄、一手拭汗的“农夫”，身形瘦削、双手苍劲，终日辛勤埋首工作室，每件作品都倾注心血，蕴含饱满的生命力与韧性。吴清友敬重这位艺术家人如其“品”，自宅与诚品行旅都收藏着陈夏雨作品。

(1) 陈夏雨（一九一七—二〇〇〇）被誉为雕塑界的诗人，无师自通，后来天分被艺术家陈慧坤发掘，协助他前往日本拜名雕塑家为师。学成返台后，为了专心创作，一生离群索居，为雕塑创作奉献心力。陈夏雨在世时，作品极少公开展示，因与吴清友熟识，曾在诚品画廊展出。当年，为了改善陈夏雨每日工作其中不到两坪大的环境，吴清友还促成王大闳为陈夏雨设计住所与工作室，陈宅也成了王大闳退休前的最后一个作品。

吴清友与王大闳建筑师（中）、陈迈建筑师合影。

“夏雨先生一件作品都要花上好几十年，我做一个小事业，亏钱亏了十五年又如何？”

依照吴清友的“阿Q”哲学，诚品亏钱的十五年里，自己虽然是压力最大的那个人，却也是“所得”最多的一个。

“你的所得就是你的付出，这种所得不是财富、名声，而是精神与心灵，而我也很享受付出的过程。一个人要做什么是自己可以决定的，比如，你能决定要不要付出、付出多少、如何付出。但要获得什么是上天的决定。把这变成你的信仰，如此一来，比较不觉失落与遗憾，也较无所惧。”

熬过十五年赔钱岁月，“吴阿Q”的秘诀，就是有着一颗农夫的心。

走过一九八九年到二〇〇四年的五千多个日子，除了创办人的心念之外，还有企业的未来观。回头检视，诚品团队做对了一件很重要的事——没有因为亏损，就停止放眼未来。

07

缺与扩的两难

水深才可渡轮

彼得·杜拉克说:“明日一定会来,而且会带来改变,因此如果没有为未来做些准备,就算再强大的公司也会身陷困境,丧失独特性与领导地位。”

经营上,处于盈满,投资未来理所当然;但已年年亏损,怎么投资未来?这是缺与扩的两难思考。

二〇〇〇年到二〇〇三年是诚品营运最辛苦的年代,可是她在二〇〇〇年投入一亿元的前期资金,兴建桃园南崁的诚品物流大楼,二〇〇一年正式启用,诚品的网络书店也于那年正式上线。

不仅如此,为布局跨行业别、跨国和跨地域的营运发展,诚品于二〇〇三年前后共投入超过新台币一亿五千万元,导入

SAP（ERP 龙头大厂德国思爱普）Is-Retail ERP（Enterprise Resource Planning，企业资源规划），厚植多元化营运能力。由于当时全球并无像诚品这样“书与非书”业种的 ERP 导入案例，过程中失败两次，第三次终于在二〇〇五年八月成功上线，成为两岸及香港零售业第一个 SAP 成功案例。诚品总经理李介修回忆，其实从一九九八年起，吴清友就带着团队着手研究导入 ERP 的可能性。

诚品信息长王文杰正是那时协助诚品导入 SAP 的 IBM 项目主管。为了突破前两次的技术盲点，王文杰找来德国、澳大利亚的两位技术专家支持。“当年德国人很惊讶地告诉我，他未曾在国外看到过诚品这样的经营形式。”王文杰后来于二〇一三年加入诚品团队，在这之前，他在大陆工作，积累了丰富的信息国际化经验，曾辅导海尔、联想等大型客户。

面对处于亏损，却还是需要前进与创新的企业宿命，诚品在二十一世纪初对于未来的投资，聚焦在信息科技。就像一座城市，要由平庸蜕变为先进，看重的不是鳞次栉比的摩天大楼，而是基础建设是否友善，城市环境是否以人为本。

梦想不能不切实际

诚品在辛苦营运的时代，建置信息系统的脚步一路向前，当时甚至比其他零售业者来得更早，原因如下：

之一，诚品“书与非书”的复合特性，为了满足同时存在于场域里的多样业种，如自营零售、专柜招商、餐饮供应、餐旅设备、画廊物流等，必须拥有坚强的信息实力。

之二，诚品当时展店超过四十家，为深化连锁不复制的企业策略，必须要把能够复制的作业程序标准化，让团队的心力与资源更聚焦于创意与创新。

之三，为了强化决策的深度，让团队能从数字旅程中兼具理性与感性，探索更多的细节。而数据像是输送组织日常运作与决策所需的氧气。

吴清友在数据的掌握度与敏感度，尤其在估算营运数字上，与财务部门精算出来的结果八九不离十。诚品团队的高阶主管不约而同提到吴清友的数字思维，跟他开会时，一定要准备好相关数据。诚品团队最常被吴清友问的一句话是：“你们的数据没有在脑袋里吗？”

书店总店区督导周钰庭形容，诚品内部讨论非常重视数据指标，但吴清友看的数据不会只有单一来源，而是要他们参照时间序列，对比产业、异业等相关数据。员工们在报告时，一定要通透所有数据的逻辑与影响，将达成差异对比 KPI 目标，并提出补缺或超前的行动计划。

“老板的梦想不是不切实际的，为了梦想，他知道要做什么，为什么要这样做，很清楚知道诚品该踏出的每一步，化为细节的指标管理，不会只相信表象的数字。”周钰庭说，吴清友很重视员工在决策过程中的思维。

最后，提早建置信息系统是为了精进与创造未来的需求。表面上，信息科技是协同作业，但真正的精神是要定位“To Be”（要成为什么），检视流程，建构新的营运模式，以因应现在及未来的产业规模。

一如大鹏展翅高飞需要翼下之风。虽然，在吴清友规划的愿景下，诚品团队是在进行一项“人文、艺术、创意、生活”的希望工程，但在肉眼看不见的地方，需要一个“诚品信息模型”（Eslite Information Modeling）的管理系统，让数据与创意相互印证。如此，团队多姿多彩、热闹活力的提案想象力，才能在完全充足的信息下，构成决策，以利支持行动方案，进而累积成最佳实务（Best Practice），形成团队经验，最后内化为品牌模式。

理工背景的吴清友深知，网络时代，创新与整合不能没有信息科技。如果用人文思维去思考企业资源运用，会发现，员工是企业最重要的发展原动力。因而企业必须通过不断进化的信息系统，分担与提升经营管理效率与执行力，员工就可以节省资源于信息科技可处理的工作，人才的生命力就能展现在更有价值的创新性、想象力与精进心上。

浅水只能泛舟，水深才可渡轮。组织或企业的成长，犹如小舟变大船，很多人只专注于造更大的船，却忽略了水深也要蓄积，否则大船便会搁浅。

信息系统不单是协助企业提升执行效率，更是从小舟转变成大船的变革思维，然后才能形成组织智能，取得更进一步发展。事实证明，诚品的确从二〇一二年开始，跨出台湾展店，成为面向世界市场的品牌。

亏损的年代，布局未来

经营者要有未来观，因为长期策略的支点由此开始，处于亏损，更需要经营者去衡量当下的投资是否能转换为未来成长的必要养分。

吴清友从二〇〇〇年开始，一方面跟银行贷款，另一方面调整经营质量，如处理呆账存货、进行供应链的风险控管。之后再关撤赔钱店面，增加企业现金流与还款能力，并投入物流中心、网络书店、ERP 的建置。他深知，物流与信息流是进入二十一世纪新经济时代，诚品服务读者的根脉。

当年的吴清友曾对员工说，新经济与传统经济最大的不同是，传统经济在分析财务报表或评估企业价值时，着重在实体与财务资产。但像品牌、会员及信息系统架构等资产价值，并未在资产负债表里显现。“诚品因为知性产业或知识经济的发展，必须调整对企业价值和永续经营的概念，实际上这些投资不会马上产生直接的获利，而是借由信息科技整体的建置过程，深耕并强化组织资产、客户资产、供货商资产的基础与品质。”

从另一个角度来思考，如果诚品在亏损的年代，选择不布局未来呢？

我们无法确认是否会如彼得·杜拉克说的“会身陷困境，丧失独特性与领导地位”，但可以确定的是，诚品将错失在二〇〇二年的物流顾问事业机会，以及二〇〇五年诚品信义的旗舰店型的可能性。

时速两百多公里的高铁北上列车，窗景像快转的分镜，行经桃园南崁时，一栋橘红身、上部灰色，写着“诚品物流”的建筑物一闪而过。夜晚，字灯亮起清润白光，它已在这里屹立十五年了。

这栋楼地板面积七千八百坪的大楼最侧边是联结盘旋向上的双向圆弧车道建筑，作用是让每层楼都能独立且迅速进出货。内部拥有自动高速分拣机、电子配货线整厂输送、货件分流设备等自动化设备，以及诚品结合实务经验，开发自有的物流信息系统，能够提供仓储、理货、流通加工、配送、退换货、账务等物流整合诚品时光服务[(1)]，以便时时因应市场需求，确保物流与商流之间的“货畅其流”。

(1) 图书产业特性是“一少七多一没有”：少量、多样、多频率、多来源、多交易、多新品、多退货、多库存，没有替代性，加上诚品跨足多种业态，很难套用其他成熟产业的物流信息系统。例如诚品物流的自动分拣机就是专为少量多样的产业特性设计，管理系统也细致分类到新书出货、退货、补货等不同使用情境。

誠品物流
南工路
Nangung Rd
桃園 4
替代路線

因为投资得早，也成就诚品的物流顾问事业。

二〇〇二年一月，时任诚品物流协理的李介修跟着团队参加北京《中国图书商报》主办的研讨会，那天有几位诚品主管轮流上台，一人进行十五分钟简报。回台没多久，李介修接到江西新华书店总经理涂华的来电。江西新华书店集团想从人工作业改为自动化物流中心，厂房都有了，需要专业团队协助建置物流中心的营运设备与管理作业流程。涂华在北京那场研讨会听到李介修的简报，想深入了解诚品物流中心的实务运作。

评估过几家大型的专业物流业者，江西新华决定选择诚品物流。二〇〇三年第二季，江西新华书店集团的物流中心正式上线。有了第一个成功案例，十多年来，诚品物流陆续协助北京、云南、广东等新华书店，建立现代化物流中心。其中，北京新华物流中心的规模更是高达三万六千多坪。

也因为大陆物流顾问服务事业的发展，诚品与大陆图书产业建立起十多年的关系，清楚当地出版模式，对于二〇一五年开幕的“诚品生活苏州”有极大帮助。包括展店前的当地物流中心建置，以及总部联结两岸及香港的物流网络，大幅缩短诚品在大陆建置供应链的学习时程。

诚品在二〇〇五年年底，能以八个月的惊人筹备速度，开出从地下二楼到六楼，共一万三千多坪，内含全台最大书店的信义店，物流中心扮演重要的后勤支持。

信义店是诚品跨入文创产业平台的开端，发展出书与非书的大型复合商场，也是诚品生活的风格起源地，让诚品在大众的心里，不只是一家连锁书店，而是一个真真切切的生活品牌。她开启了诚品生活后续在香港、大陆的发展契机，亦成为诚品生活在台湾上市柜的重要经营指标。

缺与扩之间的两难，究竟应该如何抉择？若因亏损而停止创新、布局未来，究竟是对还是错？

唯一能肯定的，机会是留给积极争取的人。

08

面向世界的窗口

诚品信义店

从二〇〇五年跨越到二〇〇六年，当时还是张惠妹连赶高雄、桃园、台北三场跨年演唱会的年代。“十、九、八、七……二、一，新年快乐！”在一〇一大楼的绚丽高空烟火为新的一年揭幕后，阿妹终于登场。邻近的松高路上，零时三十分，优人神鼓敲下第一声的壮阔鼓音，八层楼面积达一万三千坪，内含台湾最大书店的诚品信义店正式开幕。当天，以二十四小时通宵营业，迎来二〇〇六年的第一个黎明。

诚品信义店让一本三百元的书，与一个三十万元的名牌包，并存于台北最昂贵的信义计划区。直到二〇一七年，诚品信义店已经送走十一个跨年倒数，迎接第十二个元旦曙光，台北这座城市的东边与西边，各有人文阅读特色。

串起台北的城东与城西

二〇〇四年年底，诚品在西门町开出第三家店——武昌店。从西门捷运站六号出口一路向内，加上一九九七年开幕的诚品西门店、二〇〇二年开幕的诚品一一六，形成一个三角形诚品生活圈[(1)]，诚品的人文风格融入了西门町街头。

西区是老台北城的文化风华所在，发展年代较早，诚品像一位不受限的策展人，用实验的前瞻思维，引进原创、潮牌、生活风格，为台北城西定义属于当代年轻人的潮流风尚。他们来诚品阅读，也来诚品找酷。

城市的东边则不同了！信义计划区是台北的曼哈顿，运转的是商业气息、尖端时尚，企业总部与百货公司是此区的标准配备。十一年前的诚品，还像一位惯穿简约色系的文青，任谁也无法把她与缤纷的、华丽的、炫目的国际时尚伸展台联想在一起。

吴清友看到的却是，信义计划区太过同质发展的经济资本，缺乏多元丰富的人文资本。

“从市民的角度来看，台北具备了发展阅读开阔度的可能性，我们应该去尝试提供更大的阅读平台。书店在不同世纪里，

(1) 诚品一一六在二〇〇二年开幕，是诚品第一栋纯商场的分店，二〇一五年十二月因租约到期，结束营业。

要扮演开创性的角色，为台湾未来愿景孕育新的价值。”

二〇〇四年二月，国际连锁外文书店 Page One 进驻一〇一大楼，以外文书籍、精品文具为销售主力，占地七百多坪，引起轰动。[1] Page One 的到来，让吴清友更觉得诚品应该在信义计划区实践理想。

那年三月，在诚品的十五周年庆上，吴清友跟团队说：“两年后，希望能在信义区开设超过两千坪的超级旗舰书店。”当时没人料到，老板第二年竟真的说到做到，而且面积远超出他期许的七倍。

不过在此之前，美国《时代》杂志好像有先见之明，二〇〇四年《时代》杂志亚洲版公布全球旅客到亚洲的最棒选择，将诚品选为“亚洲之最”的最佳书店：“诚品不但藏书丰富，店里播放古典音乐营造出来的轻松气氛，让半夜买书的读者在不知不觉中就待到天亮了。”

立足信义区

二〇〇五年，上天给了诚品一个千载难逢的机会。

坐落在松高路十一号的统一国际大楼商场，原是日本高

(1) Page One 书店于二〇一二年缩减经营面积，二〇一五年撤出台湾市场。

岛屋百货的预定地。装修工程正如火如荼进行时，日本总部因故中止这项投资计划。消息一出，多家大型百货业者纷纷向统一表达经营商场的意愿。吴清友也想争取，火速召集女儿吴旻洁（时任父亲的特助），以及书店与商场企划团队，主持脑力激荡会议。

诚品团队想象，诚品商场应该是多元风格的生活剧场。当时的会议记录写着：

“现代商场，不再是货架的阅兵列队集合，而更像是多种生活式样的剧场。商品依照着一种生活的哲学、美感的情调，呼应着城市消费者的分众希望和救赎，在商场的空间中相互结盟、开启各式各样的对话。上升的电扶梯，可以是单纯的移动工具，也可以是商品神圣感受的创造者；螺旋的卷梯，如果缓行端详，更可是商品市集的‘环状视野观景台’；商场里也可以有各种‘光墙’的视觉广告牌，有不同‘巷弄’的中介空间，有‘书／商品’、‘酒／商品’、‘历史／商品’、‘旅行／商品’、‘庆典／商品’的多媒介事件发生所。空间，生产‘经验’与‘感受’，如同书生产‘梦’与‘向往’。再一次仔细端详：诚品商场是生活的剧场而非卖场，来自它动心揣摩空间的想象，来自它让空间演奏与说话的愿望。”

短短几天内，团队提出“阅读与生活的博物馆”企划，由吴清友亲自带着吴旻洁向统一集团提案。会议上，统一集团旗下事业及台南帮相关企业等多家代表均出席听取简报。

经过多次会议来回讨论，最后董事长高清愿拍板定案，由诚品取得大楼商场经营权，跌破外界眼镜。双方于五月正式签约，预定在二〇〇六年的跨年倒数计时前，开出诚品信义店。

签约之后，新的挑战才要开始。

邻近的新光三越，由四栋百货公司连接起来，专柜品牌应有尽有；平行的两个街口外，是那时全球最高的一〇一大楼购物中心，其他还有如纽约纽约购物中心（现 Att 4 fun）、Neo19 等商场。

不仅如此，诚品团队还要挑战在八个月内，从室内设计、平面配置、招商签约、装修工程、营销活动、展演规划……完成整体开幕的“极地型”任务。招商过程，诚品团队持续遭遇窘境。最有时尚地位的国际名牌都已进驻周边大型百货，另一方面，不少品牌基于同商圈考虑，当时亦无法进驻诚品。

在信义计划区的国际时尚伸展台上，准备初次登台的诚品，该如何创造自己的主秀？

把人文关怀化为时尚发语权

诚品选择走一条独特的路，在商业精华区里，她跳脱大众熟知的精品，引进少见，但更具设计感的国际时尚品牌、个人设计师作品。当时在台湾还算陌生，但已在国外流行的复合品牌精选店（Select shop）也引进诚品信义店，创造店中店的风景。

诚品与台湾原创时尚结缘甚早，不少台湾时尚设计师选择在诚品举办服装发布会。像温庆珠就曾在天母中山店露天后院，举办秋冬作品发布会；台湾双人组设计师窦腾璜与张李玉菁，第一场服装发布会也是在诚品敦南的艺文空间。

同时，延伸诚品选书的价值观，挖掘独特生活风格的创意品牌。例如原本在有机店寄卖的阿原肥皂进驻诚品，设立专柜。其在诚品特有的人文氛围里，知名度大开。

八个月内，诚品各事业部总动员，从无到有，展现强大执行力，创作阅读、空间与时尚的合伙关系，开出从地下两层到地上六层接近一万四千坪的诚品信义店。

B2是诚品美食，B1为诚品流行，一楼为诚品视界，二楼是诚品设计与新书、杂志、畅榜、精品文具馆等新思潮孕育之地，三楼书店涵括了文学、人文、艺术、商业、音乐等各种主题馆；四楼是诚品风尚，全台最大的诚品风格文具馆也坐落于此，五楼是诚品生活，包含诚品画廊与诚品儿童书店，六楼是诚品文化，有展演厅、视听室以及主题餐厅，并提前在二〇〇五年十二月十六日试营运，创下三天内营业额达五千万的纪录。

吴清友认为，文化基因必须是从容的。诚品要形塑出人文、艺术的氛围，让匆忙的都市人能够沉淀，自然感受到从容。

面向松智路的玻璃大墙上有蓝、红、金、绿四层的色彩区块，是诚品对这座城市的祝福心意。宝蓝与翠绿代表蓝天绿地，红色是华人喜气平安的象征，特别的是，金色那一面玻璃墙书写上吉祥珍贵的《般若波罗蜜多心经》，祈求国泰民安。

入口的商业空间保留给“从容”，从城市街道步入信义诚品，规划了咖啡馆、花店，是从匆匆到从容的缓冲空间。

大门的中庭是艺文活动、展览，诚品第一次发起全台募书活动，两百多位志愿者，在这里完成一万两千本旧书的理书、装箱。后来因募书规模扩大，移师桃园的诚品物流中心一楼。

楼层是书名，柜位是篇章

置身大都会的商业中心，诚品吸引了一群粉丝，在风格年代里，经营一种多元的生活风格、一种蕴含的人文美学、一种文化的时尚橱窗。她用阅读的眼光来规划每一层楼，楼层是书名，书柜与专柜如同篇章，呼应着书名。

不同于其他百货公司、购物中心一楼是国际精品、女鞋与化妆品专柜，诚品则以“家、生活、设计”为创作的主题。沿着黑色吊灯下的主走道前进，软厚地毯吸纳了鞋跟落地声。

空间具亲人的视觉穿透性，又保有易于游逛的乐趣。一楼，可以看到独立设计师服饰、风格品牌，也有生活家饰、时尚配件、花店。正因为是以“读者”作为群聚的中心点，思考想游逛“这本书（楼层）”的读者，会需要什么、向往什么。并将这思考精神渗入每一处氛围。

地下二楼的美食街充满文化与温暖的气息。复古马赛克与大理石呈现台湾情调，搭配大理石圆桌与木质长桌，以及桌面设置台灯的座位，这是属于诚品式的优雅用餐方式——可以安静独食，也欢迎共桌。

原先的主题书区来到高达三千坪的信义诚品书店，变成了一个个的主题馆。共有三十万个书目、一百万册书籍，阅读的开阔度在全台最大书店里展露无遗，优雅绽放独特的人文气息。

身处商业精华区，信义店的文学类书籍销售量表现依然亮眼。文学馆不只是摆放书籍，同时流动着文学氛围，古典的大圆顶天花板下，是书店团队时时用心策展的主题。作家从书封上的名字幻化为现场的真实图像，书中的智能之语变成墙上最美的文字。

空间设计上用心呼应台湾特色。早年住家、公共场所、寺庙会使用的磨石子也融入空间，如二楼书店地板是浅灰色调磨石子地坪配上银铝线嵌，再通过环形动线，呼应着新知、设计氛围。三楼书店是以金铜嵌条分隔深灰磨石子地板，呈现质感沉稳的主题式阅读，动线是穿透一道道“ㄇ”形拱门，任读者探索。

诚品的灯光是一种若即若离的轻柔存在，大量使用间接光源，以及不喧哗的主灯，典雅别致的台灯，端坐于书柜之间，或在大平桌上两两相望，不仅是照明，更是氛围。

心灵的过境之地

因着信义计划区的国际化，诚品信义店被定位为面向世界的窗口。她是属于国际舞台的阅读空间，服务来自世界各地的读者，大部分楼层都规划寄物柜，让读者可以轻松游逛。诚品在这里面对众生，十一年来，诚品亦随着读者群体而变化，以更丰富多样的书展、活动策划和市集概念，凸显风格社会的意涵——阅读是丰饶的，生活更是一场飨宴。

如今，信义诚品已经是观光客来台的必访之地。步入她的场域，感受着她的场所精神，身旁的读者不再只是这座城市的居住者，不少人是观光者。目前，店内的消费群体超过两成是境外人士，二楼客服中心近年也成为台北的另一个旅游服务中心。读者常询问台北著名景点、美食去处，客服信箱也经常收到境外读者来信预订书籍、咨询书店与旅游路线。

信义店是诚品品牌力量被国际认可的重要转折点——她成功让一座城市里最昂贵的精华商业区，能够容纳大规模书店的存在。某种层面，象征着城市文明的再进化，以及城市人心底深处渴望的那一块能够“重新出发”的过境之地，也是商业精华区里需要的心灵乌托邦。

心灵乌托邦寄寓着城市人心中什么样的期待？也许就如诚品信义店满两周年时发起的“许一个二〇〇八的愿望，在最接近梦想的地方”许愿活动。那时诚品选了“平安”、“和平”、“放心”、“勇气”、“健康”、“自由”、“欢喜”与“慈悲”等八个愿望，邀请读者为来年许愿，期盼汇聚众人祝福，将温暖分享出去：

许愿平安：爱身边的人，爱自己

许愿和平：爱远方的人，爱世界

许愿放心：每一天生活，都淋漓尽致

许愿勇气：每一次恐惧，都走向真理

许愿健康：健康是前提，是梦想稳定的弓

许愿自由：自由是判准，是梦想飞翔的箭

许愿欢喜：花时间笑，因为灵魂在欢喜中移动

许愿慈悲：让世界笑，因为宇宙在慈悲中静息

许愿二〇〇八，祝福与分享，希望与梦想，诚品与您一起飞翔

许愿活动更邀请书法家董阳孜与作家杨照担任评选人，选出八位读者，由诚品信义店协助他们梦想成真。

被誉为二十世纪最具影响力建筑大师之一的建筑诗哲路

易·康(Louis Kahn)有句名言:“砖块想成为什么?它想成为一个更伟大的东西啊!”这正是诚品的写照,她想成为什么?

诚品,想成为每人心灵深处渴望的那块过境之地——让身心安顿,心灵停泊。如同吴清友说的:“城市最珍贵的资产是人,我们知道每人每天会遭遇不同的大小事,千万的心灵会有亿万种心情,碰上百万本书籍,那是无限的能量撞击!”

吴清友致同仁

将心比心的服务

各位同仁好！

上周五下午我到信义店二楼Café（咖啡厅）小坐，邻桌坐了一对年长的老夫妇，看上去有八十多岁，面容慈蔼，很容易让人想起家中的长辈。我观察店内服务同仁直挺地站在桌边，老夫妇必须抬高头点餐，点A餐，服务同仁语气平淡地说："A餐点没有了……"点B餐，同仁又说："B餐点也没有……"待老夫妇终于点妥餐点后，同仁又要他们自行去前面冷藏柜挑选蛋糕……之间没听到同仁说一句"对不起"和一句"请"。

此时，我对同仁的服务态度感到十分汗颜，忍不住起身。先私下纠正Café同仁改进服务态度，再折回现场弯下身，双手分别握着老夫妇的手，为同仁刚才的不周到向他们道歉，恳请他们见谅，并请老夫妇接受诚品招待，以表歉意！离开信义店二楼Café后，我内心仍许久未能平静。

“好的服务”应该是待客如亲、是体贴入微、是将心比心，是以专业与关怀提供顾客满意的服务。以上述老夫妇为例，Café同仁应该体恤年长者，主动弯下腰或蹲坐着让视线与他们同高。对于无法提供的餐点，表达歉意并主动介绍适合的品项，将冰柜中的蛋糕拿到座位旁请老夫妇挑选等。对同仁而言不过是举手之劳，但我相信他们获得这样的服务，感受一定大不相同。

我曾说：“在诚品空间里，万千的生命容颜都曾深深触动着我，我看见‘最可爱的表情、最亲切的眼神、最自在的容颜、最温暖的关怀、最优雅的身影、最从容的心情及最友善的祝福……’千万个心灵、亿万种心情，与人为善的正面能量，因为有他们，诚品才能展现独具一格的人文风景。”

诚品的理念与服务价值观，仰赖全体同仁的共同努力，多用一点心，多一些关怀，落实诚品款待人、款待心，以“人”为终极关怀的心念，与全体同仁共勉之！

吴先生

二〇一六年八月十七日

09

女儿的决心

浪漫与精明的平衡之旅

与成长于台湾的学生一样，在世界还没全面联网时，诚品是喂养吴旻洁知识与风格的重要场所。她至今都记得，大学时在诚品忠诚店，吆喝朋友一起买了八百八十元与一千两百八十元的 T 恤，那是她人生第一次购置超过千元的新衣服。她从没想过，有一天自己会成为诚品副董事长、诚品生活总经理。

曾有位高人预言，未来接下吴清友事业的会是女儿，当时吴清友一笑置之。他尊重女儿的志趣，也不想孩子因环境较佳而娇生惯养。就像一般中产家庭，吴家兄妹从小就读公立小学与中学，大学也是公交车一族，比一般人多出的享受就是父亲会带他们出国看美术馆。

吴旻洁在外低调，很少人知道她的父亲就是诚品创办人吴清友。刚从英国念完硕士回台，她到英文报社当记者，由于“文建会”是她负责的采访线，有天从父亲口中得知当时“文建会主委”陈郁秀要来家里做客，她还刻意回避，那天回家特别晚。

做了英文日报记者后，她发现自己不太喜欢花很多时间与心血写作与确认文法的英文报道，赏味期限只有一天，隔天就“过期”了。吴清友得知她辞职后，希望帮她介绍熟识的媒体和友人，都被她婉拒。吴旻洁虽然是家中小女儿，却非常有自己的定见，不愿意依赖父亲的资源谋职，又不想每次都辜负父亲的好意，迷惘之下，浮现了出国进修第二个硕士的念头。

出国变成进诚品

收到英国学校的录取通知后，吴旻洁跟父亲约在敦南店二楼咖啡馆，向他“报告”预计出国的时程。

吴清友安安静静地听完后，仅对她说：“你要答应我一个条件。”

吴旻洁内心响起警钟，瞬间闪过“你们商人就是这样，凡事都要谈条件”的念头，顿时变得防备，有如遇上危机的刺猬。

“你要记得，人在三十岁之前，能从容地生活是很难得的，你不用太认真念书，也不要担心钱，应该多利用在英国的时间，到欧洲各地去旅游。”吴清友缓缓说出他的“条件”。

吴旻洁当场愣住了，父亲竟然请自己去过更悠哉、快乐的日子！竖起刺后，发现根本无战事，她努力想忍住自己的错愕和羞愧。

“你想要的全都得到了，你就可以全拿吗？”这是她心中浮现的第一个反应。她有些手足无措，为了转移尴尬的情绪，便胡乱挤出：“啊你咧，你的公司最近好吗？”

“一样啊！”吴清友淡淡回答。

“不然，我进去你公司试试看好了！”不知为何，吴旻洁突然冒出这句话。其实在这场父女谈话之前，她沙盘推演的是要父亲答应她出国，根本没计划要进诚品。她回忆：“有时候，人很奇怪。你一直追逐的事物，在得到的那一刹那，你才会明白自己是否真的想要它。如果一直没能得到，也许就会永远失落或持续埋头苦追吧！”得到的当下，吴旻洁才知道自己并非真的想要再出国进修。

“我是二〇〇四年四月二十六日进诚品，一去就参加当月的经管会，才过三个月，我就了解到自己不可能短期内离开了！太多东西听不懂，也不了解许多事物之间的关联性。刚开始，我连 SP（促销）代表什么都不知道，只能听懂老板为什么成立诚品，诚品是什么。”

一开始，她担任总经理特助，跟在父亲身边学习，学习财务概念，参与集团的重大提案。父亲也带她去认识他的人脉，她看着父亲在银行与股东面前如何表述诚品，说服他们继续支持，以及如何与房东沟通降租的可能性，觉得父亲很像超人，前一刻化身营业主管，大谈市场规划与未来愿景，转身后，又变成财务主管，条理剖析营运数字。

当父亲的代理人

特助生涯刚满两年半，二十八岁的她就被迫“瞬间”变强大，帮父亲代班，分担集团正常营运的重责。

二〇〇六年，信义大店开出，众人欢欣之余，危机悄然来袭。

那是十月初的台北，夜晚才有秋意。吴旻洁与父亲从音乐厅走出来，耳畔还留着音乐会终曲如雷的掌声。忽然听见父亲淡淡地说：“Mercy（吴旻洁的英文名），我做了一些检查，医生说必须要动手术，明天起我就不进办公室了，由你暂代职务。”

“啊？”她错愕地望向父亲，心想这“秒差”也太大了吧！上一秒还沉醉在音乐会的意犹未尽，下一秒就变成父亲告知要动手术的消息。

吴旻洁有预感，父亲这次的手术绝对不像他语气里的淡然自若。

她的直觉并没有错。这次因为主动脉剥离的裂缝过大，无法用传统的方法开刀。新光医院院长洪启仁、主治医师林佳勋、台大医院院长林芳郁与日本、美国、中国香港几位国际权威教授来往联系近两个月，评估过数种手术风险，决定让吴清友到香港的玛丽皇后医院，接受台湾当时尚未开放、一种内外科整合的治疗手术。

吴清友与家人按照医院规定时间，飞往香港办理住院和手术程序。

头几天是医疗团队进行身体检查与评估手术状况，他还能跟家人朋友一起外出。所有人包括吴清友在内，每个人都尽量想让气氛轻松，仿若吴清友只是来香港动个小手术，无须杞人忧天。一位朋友还特地带他去听乐团现场演唱，当场点了几首英文老歌，起哄要吴清友上台。他也应“观众”要求，开口高歌。手术前一天，全家人还到每次造访香港都会去的太古广场广东菜馆用餐，像平日那样闲话家常。

回到病房，身处异地，明日又是重大手术，即便像吴清友这么乐观的人，面对生死未卜的命运，心绪亦难免纷杂不安。

他拿起病床边桌的两本经书，一本是太太准备的《金刚经》，一本是女儿手抄的《大悲咒》，突然间，心里浮现既然要承受不如就多承受点的念头：“这世界其实没有人有资格说，贫困不该归我，病痛不该归我，苦难不该归我！”说也奇怪，此念一出，连日忐忑的心如同轻轻被安放在云朵上，奇异地放缓下来。

手术结束后的七十二小时，吴清友才苏醒。还经历一段意识不清的时间，人变得很“番”（闽南话，指意识上难分虚实情况，一时之间不易沟通），一直认为还要再开一次刀，不断跟家人说，他不要再开刀了！就连医师跟他说，不用再开刀，他依然觉得，那只是医师安抚他的话。在家人与医师的再三保证下，吴清友才逐渐相信手术已顺利完成。为了测试术后长久麻醉的四肢反应，医师在检查他的身体功能后，太太拿出纸笔，请吴清友写字。

全部的人屏息以待，毕竟他昏迷了整整三天。

只见，他在白纸正中央，一笔一画，缓缓写出“诚”……“品”……“万”……“岁”四个大字。太太一看，幽默地说：“不用担心了，他没变，是原来的吴清友，没事了、没事了！”

确认父亲平安之后，吴旻洁才放下心中的大石，从香港飞回台北，专心上班。吴清友术后需要长时间休养，一直到能进公司处理事务，吴旻洁已代理六个月了。

这段时间，她才真正了解到，父亲独自承受了许多财务压力，却不让诚品团队跟他一起担心。

她第一次担任公司借款的保证人时，心情十分沉重，看着八位数字的金额，心想万一有什么差错，以她的薪水要多少年才还得起啊？硬着头皮签名时，忍不住嘟囔："老板，你为什么做诚品做到这样，还得把自己的女儿搞到要去作保？"

这对吴旻洁个人的金钱观是很大的冲击，从小，她不会花超过所能负担的钱。小学五年级，老师出了一篇"如何使用压岁钱"的作文题目，她在文章里写到，自己会分成"存、济、赏、用、生"五种用途，五分之二的钱存起来，五分之二用于救济，剩下的五分之一再分成三份：裱框欣赏、平日花用以及投资生息。从她开始赚钱后，每个月都会存钱，固定比例捐出去，钱包里，每张纸钞都整整齐齐朝向同一面放好。

身为职务代理人，她得代签公司传票，当时看到那些金额，每每签得提心吊胆。

吴旻洁的优点就是很肯开口问。每签一张传票，只要看不懂，她就会问财务。签多了，开始看懂营运细节，问题不再是"这是什么"，而是"为什么"。

例如，她发现一家店只续租五年，却编几千万的外墙预算，分担成本后，又是一家不赚钱的店，开始追问原因，思考如何减少过高的资本支出；同属一个事业群，店务行政却各自作业，资源也不共享。当年她为了整合商场和书店的营运支出，请同事重新统购访价，譬如将店务清洁工作统一交由同一家清洁保养厂商负责以降低成本，还惹得一些高阶主管和厂商不太高兴，认为挑战他们的专业。

从矛盾中寻找平衡

在代理职务之前，因为担任总经理特助，她算是清楚组织内部的问题，“当时我只知道问题，却没有专业能力去解决”。她指的问题是，书店、商场和后勤单位存在的矛盾情结。

诚品一直是以书店与商场的复合形式存在，吴旻洁曾问父亲：“为什么要经营商场？”吴清友向她解释，只有书店，诚品很难生存。多年来，诚品商场一直是独立事业部门，依循专业商场的管理系统与制度，不论是人才、资源，甚至电子邮件等联系方式，与书店体系皆不相通。长年累月，书店与商场各自为政，还有深重的文人与商人情结。

“当年，书店同事觉得商场唯利是图，商场的同事却觉得为什么要赚钱给书店花，两边平常是不交流的。”吴旻洁说，书店与商场各自独立作业，店内营销也不同调，无法充分发挥诚品“书与非书”融合相生的模式，存在许多可改善与协调的空间。

“以前的商场定位比较像是为了减少书店亏损而存在，两边各有楼管，只负责各自所属区域的事。但发生问题时，其实是整家店都有关联，不会只是单区负责就能完善解决的。”诚品生活营运开发协理林家贤回忆。

并且，书店与商场各有招商团队，有时不免因为想争取同一个品牌，形成位处同一场域，却对外提供两种条件，被厂商各个击破的状况。比如，曾有一段时间，敦南店的一楼专柜是属于书店，G 楼则由商场负责，在未整合前，品牌商可以分别跟两边洽谈，形成内部恶性竞争。

吴旻洁觉得问题的源头在于未能资源整合，因而当父亲问她代理职务的感想，她说出了思考数月的想法："我觉得书店的专柜与商场的通路需要整合。"

她的建议，是牵涉组织变革层面的重大议题。

经历了几乎要丢掉性命的三次病发，吴清友平心而论："假使我的生命里没有这个病痛，我的人生应该是无趣的，也不太可能有一点小智慧，我称它为上天的礼物、生命的必修。"大劫归来，他更加惜缘，觉得能活着就是莫大的感恩，"生命是无常的，人是无明的，我深信一切都是因缘，没什么好遗憾、好骄傲的，只想诚恳地活着"。他自觉这样的心境变化，以管理的现实面来说，不一定是好事，有可能会愈来愈不适任经营者的角色。

组织的难题

二〇〇七年九月，吴清友决定让吴旻洁担任整合书店与商场的工作，派任她为诚品执行副总，让她与团队负责执行转型的重大项目，包含组织整合、供应链改革等。

“如果我做得不好，请你把我换掉，我不想当一个不能下台的副总。”当吴清友跟吴旻洁提及要她接任执行副总的想法时，她脱口而出对父亲说。

真正深入商场营运后，等待吴旻洁的是一连串的组织难题，如管理浮现弊端、员工人心浮动、团队核心价值不足……“就像挖开树根，才发现很多地方已经开始腐烂”。她于是明了，诚品即便已转亏为盈，真正重要的是书店、商场经营本业的获利能力，最大的挑战是要找到永续经营的营运模式，同时解决内部成本管控的问题，让集团资源发挥综效。

表面上，诚品从二〇〇四年就开始获利，二〇〇六年开幕的信义店也获得前所未有的成功，但深入探究，二〇〇四年获利是因诚品敦南店表现突出，二〇〇五到二〇〇七年获利主因则来自诚品画廊的艺术品收入，以及诚品物流大楼进行不动产投资信托（REITs）的业外收益。

二〇〇七年年底，原诚品书店执行副总廖美立告别诚品，有些老诚品人也陆续离职。一时之间众说纷纭，外界解读为书店与商场之争，被吴清友派任管理商场部门的吴旻洁甚至被当成主因。“我是一个原因，但不是全部。”吴旻洁说。

实情是，书店每年都被股东挑战无法达成设定目标，且有巨大落差，银行也希望诚品能靠本业营运获利，而非业外收益。过去，吴清友对商场员工的绩效数字严格以待，但对书店员工却极为浪漫，不太过问细节。二〇〇六年后，为了健全整体经营体质，他开始要求书店要浪漫与精明并重。

“以前不用说明的事项，后来都要清楚条列，老板也开始挑战书店怎么这样花钱。这种要求以前只针对商场的同事，十多年后，突然也对书店同事这样说，他们很震撼。某种程度归因于我，但实话是诚品若要有未来，就不能再这样赔钱下去了！”吴旻洁剖析，即使是稳健经营的诚品，也不应该采用当年那种花费资本支出的方式。

吴旻洁从总经理特助变成执行副总，在商场营运的专业上，由现任通路发展事业群执行副总经理欧正基协助，让她尽快进入状态。书店业务则由熟悉书店营运规划的林婉如担任她的特助。林婉如一九九一年进入诚品书店工作，后来出国念书，毕业后又回到诚品，现为通路事业群副总经理。

从没受过商学与管理训练的吴旻洁，在担任特助的前三年，只能算是听得懂名词。深入后，那些专柜的业绩、毛利、坪效等才开始在她眼前展演意义。她还记得，第一次开店务会议就开了四个多小时，每个专柜她都仔细详问，希望弄懂每个数字的意义。

过去担任幕僚时，她常觉得父亲思量过久，有时又会反复。等到自己开始做决策，才了解就算事情再明白不过，还是有很多层面需要顾及。比如，这么做会不会影响到团队士气？做了这个决策，后续会有何影响？“当特助时不会想那么多，果真是不在其位，不担其责，不懂其感受。”

第二代的决心

没进入诚品之前，吴旻洁已经能从母亲的反应感觉到父亲经营诚品的压力。

小学六年级的某一天，她参加暑期营队，傍晚兴高采烈回到家，发现整个家里没开灯黑漆漆的。她以为没人在家，背着包包上楼回房时，在二楼的佛堂见到母亲独坐暮色中，神情凝重。

吴旻洁吓了一跳，问："妈妈，你在家啊，天都黑了，怎么不开灯？我帮你开哦！"妈妈招手要她过来，交代她："妹妹，爸爸没帮你们想，妈妈都帮你们想好了，妈妈帮你跟哥哥买了保险，等到你三十岁的时候……四十岁的时候……"洪肃贤细数给女儿听，让她知道有哪些保障，几岁时可领多少。当时她不懂，只感觉妈妈心中仿佛有说不出的哀戚。长大后，她才恍然大悟，诚品的长年亏损让作为母亲的洪肃贤心里极度烦恼，天天操心先生的身体以及子女的未来。

虽然吴旻洁不是很清楚父亲公司的状况，但上大学后，自己接了许多家教。在英国留学放假回台湾时，请妈妈带她去台北后火车站批发民族风衣饰，扛了两大皮箱到英国，利用周末去摆创意市集。她的三伯吴清河回忆，那时跟太太去英国探望吴旻洁，心疼她因为一人摆摊，不敢丢下摊位去洗手间，只得长时间憋尿。吴旻洁却笑着跟他们分享，万一忍不住，如何快速收拾，把东西全背在身上去洗手间的方法。

“进来公司之后，我才知道诚品亏损这么多。”吴旻洁印象深刻，二〇〇四年年底，吴清友看到财务年度结算报表，把她叫进办公室。“Mercy，你有去找 Sophia（当时的财务主管黄惠美）确认这数字正确吗？今年是真的赚钱吗？该提列的费用全提列了吗？”

进公司不到一年，还在摸索学习的吴旻洁，纳闷看着表情惊讶的董事长兼总经理老爸，心想：“赚钱有这么奇怪吗？”

诚品要获利的这一路走来颠簸，吴清友看了近十五年的财报赤字已成惯性，突然见到盈余，不反复确认难以置信。也许，最开心的人还有吴清友的司机。吴清友曾发愿，诚品不获利，就不换新车。当时那部宝蓝色老奔驰车竟已开了十八年。

回想有一次，吴旻洁和父亲对一位公司监察人报告财务数据时，对方提问：“诚品营收做到七八十亿还不能获利，这是规模经济的问题吗？这个营运模式出了什么问题？”她认为这个问题一针见血，“这个行业虽不好做，但正常情况下仍然不该亏损这么久，在成本管控与展店策略上，我们应该更精进！”

因而，吴旻洁没办法不去正视公司的财务状况与营运资金，她心中存在着一个她称之为“好强”的想法：“我没有经历过前面十五年的赔钱，我不希望用赔钱来证明经营的理念！”她暗自下了决心要让诚品不再承受亏损之苦，甚至跟父亲说：“我没有你的人脉，没人可以借钱，所以我会想得很实际，我们要尽量让公司的资金充裕。”

作为第二代，她的任务是承载诚品原有的能量，承先启后，注入创意，整合资源，带领团队平衡浪漫与精明的天秤两端。她甚至必须比父亲精明，因为精明，才能让创办人的浪漫得以有永续的可能——使历经十五年才转亏为盈的诚品，能够持续走在“生命应该在事业之上，心念应该在能力之上”的路。

二〇〇四年那年，她进入诚品工作半年之后，将在父亲身旁学习的所见所闻，写成报告：

“对于一个年轻生命如我，选择加入诚品或是另辟蹊径，竟然也寻寻觅觅左思右想了七八年。初步踏上这个筑基十五年的平台，在发现脚下的工程还尚待补强的同时，感到震慑的，却是呈现于眼前的壮丽景观——远近深浅，交叠出一片绵延不绝的好景。诚品是什么？这个问题在这七八年的观望寻觅中，答案一直在变，唯一不变的，也是最终令我无法抗拒的，是诚品能够与人为善的特质与机会。与人为善其实很单纯，一些正面的温暖的鼓励，一些自由的快乐的启发，一些可以抚平悲伤、沉淀心情、宁静自我来多了解生活的机会，都是与人为善。在这一点诚品的特别之处，是不论很深刻的与少数人，或是很广泛的与许多人，这样的互动，它都深具潜力。”

那时，吴旻洁写下诚品的近景是“今后诚品所要看待自己的方式，将不再以‘书店’为自我定位，而是要以‘文化创意产业’为主轴思维，强化品牌经营，多元化发展”；诚品的远景是“有朝一日，当诚品真的走向华人世界的时候，它也要扮演台湾与华人世界向国际发声、与国际交流合作的桥梁，以文化消弭冲突，建立对彼此的了解……也许到时候，诚品便不仅仅是以文化创意产业的定位来看待自己，而是要再结合教育或传媒的功能，与更多的人互动，当一面镜子让人有机会可以探索自己、观察别人，促成更多对于世界的了解。然后，如果有人因此得到了一些和解（自己和自己的、自己和别人的、自己和世界的），那么大家至少可以在这个充满痛、苦的世界里，一同分享一点点幸福的滋味”。

她所描绘的远近景，仿佛为诚品的未来揭开了序幕，诚品从二〇〇七年开始进行组织变革，寻求稳健的经营体质，也诞生了以全球华人文创平台为发展主轴的“诚品生活”新品牌。

女儿给父亲的信

Dear 老爸：

去参加诚品的年度会议，我有很大的收获，当我翻开《诚品阅读》，看见以前圆环边的敦南诚品，一种很奇妙的震动在心里颠伏了一下。我回忆起走入那间诚品的感受，还触摸得出在那个氛围中书的体温，感觉得出行走在走廊、阶梯、书柜及行人间的曾相识，突然很感谢有这样的书店陪我长大，也很感谢它的韧力及幸运，更感谢上天的厚爱与眷顾。你与这么多令人敬佩的人们竟然就这样走过来了。十年，你所经历的是我这么简单的心灵太难想象的……

会议后的那番话[1]，如果你企图传达十分，我真的收应到了九分九。一步一脚印这五个字蕴含了太多东西，您真的是一位具有领袖风范的人，这种特质有时是无法准备和培养的，他与一个人的真实人格相关。因为真诚、因为执着、因为踏实，因为有如此美好的理想敦促，更因为您能够不畏惧认错。这是我昨日，再度深刻学到的宝贵的一课：唯有对自己诚实，才能够公开、坦然地承认自己的失败与不足。光是凭借这份勇敢与气度，就让我愿意追随，也许这正是因为您不甘于停留在人生的某一个阶段便裹足不前，于是，愿意喜悦地将问题视为成长的契机。在此祝福您顺心如意，也但愿我们，不论走在哪条道路上，都能够看得清楚，不迷失自己。

小女旻洁敬上

一九九九年十二月九日晨

(1) 那场会议是诚品十周年的内部会议，吴清友邀当时仍在学中的吴旻洁参加见习。会议结束之后，吴清友有感而发，对在场的主管感性“告解”：“十年来，我还是住在同一间房子，开着同一部车子，穿着同样的白衬衫与卡其裤，晚上加班后，同样在大直路边吃碗米粉汤。十年了！那些数据都是表象的显性形式。但于我而言，内心智慧是否增长其实是最重要的功课。我自觉十年来心智并无太多成长，真是惭愧！这是我必须要再精进之处，期许与诚品伙伴们互相勉励。”

10

永远的 Belief

阅读不能失落

诚品开始组织变革的那一年，世界的未来正在翻转。

二〇〇七年，苹果公司第一代 iPhone 上市，宣告智能型手机时代来临；YouTube 影音分享网站推出全球在地化服务，引爆日后无以数计的创作能量。

同年，过去的世界也正在崩坏，美国次级房贷危机一路延烧成第二年的全球金融风暴，雷曼兄弟应声而倒，冰岛濒临破产，那些偏离基本价值，梦幻报酬率的假面诱惑破灭于金融废墟中。在翻转与崩坏之间，从企业到个人纷纷来到了策略转折点。

英特尔共同创办人安迪·格鲁夫（Andy Grove）说，策略转折点出现之处，正是旧的经营环境消失，新的环境取而代之，企业有机会往新高点爬升，但若无法顺利通过转折点，企业便会在越过高峰后往下滑落。

二〇〇七年后，也是诚品的策略转折点。她明显放慢展店脚步。从二〇〇七年到二〇一〇年，平均年展一至两家店，二〇一〇年甚至没有展新店。

店虽开得少，但开得很精彩。有太平洋海风徐徐吹过的诚品书店“台东故事馆”，日本历史建筑成了台东艺文聚落，三百坪的场域里，有书区、儿童馆，以及四十坪作为展览、讲座、音乐会、艺术生活创作的艺文空间。

也有生态与艺文的跨界作品。二〇〇八年，台中公益路上，一座原本是包覆着铁皮、半废弃的停车场大楼，化身为会呼吸的人文生态建筑——勤美和诚品共同合作的“勤美诚品绿园道”开幕。拥有当时亚洲面积最大的植生墙，十五万株迎光植栽随风摇曳；室内还有挑高五层楼、高达二十米的植生墙，下方是可作为表演场域的水循环镜面水池。这是结合台湾两家本土企业的创新作品。

“勤美诚品绿园道”并为业主勤美公司获得二〇一〇全球卓越建筑奖，也是诚品在整合书店与商场能量过程中的转型作品。首次以商场开发经营的核心能力，发展出商场规划开发与委托经营的顾问管理模式，诚品不负担资本支出，只负责五个楼层的招商与营运管理。

也是在二〇〇八年，富邦集团邀请诚品参与松山文创园区 BOT（建设—经营—转让）案。

吴旻洁回忆，在团队发想提案的最后阶段，吴清友拿着数据，走进吴旻洁的房间，跟她说提案内容好像缺少了什么。

“应该在这里盖一个有台湾文艺气息，也让夜晚的园区空间另具生命力的艺文旅馆。”他指着基地平面图，未来的松烟诚品旁的位置说道。

吴旻洁不解地看着父亲，心想，松山文创园区位置如同哑铃的中间，两端是信义商圈和忠孝东路商圈，未来能否顺利形成商圈已是挑战，还想要在这里经营旅馆，又是诚品从未涉足过的饭店经营管理……？

那天晚上，她皱着眉头，默默看着父亲自言自语走出去（七年后，吴清友的梦想成真，诚品行旅正式开幕）。

那两年，台湾在高铁通车后，迎来“南北一日生活圈”的时代，开放大陆观光客来台，诚品成为一批又一批大陆观光客必访之地，有愈来愈多人想把诚品的人文氛围带进自己的城市。

邀约者接踵而来，各地方政府、地产开发商、大型百货商场，到全球品牌集团……“虽然有很多机会进来，心浮一点、野一点，好像什么都能做。但我们觉得不要做自己控管不了的事。”吴旻洁说。

寻找第二条西格玛曲线

此时期的诚品正在寻找企业的第二条西格玛曲线[(1)]。

一方面尝试不同营运模式的可能性，如委托经营顾问管理模式的勤美诚品绿园道店、参与松山文创园区 BOT 案。另一方面，启动企业再造，降低资本支出，让书店专柜与专业商场管理系统接轨，整合品牌通路与营销资源。

二〇〇九年，吴清友经过了一段长时间的构思，决定将通路事业与文化事业独立分工，以利落实专业经营的方向。二〇一〇年，他引入资源，“诚品生活”以新发行股份作为对价取得母公司“诚品”分割出让的通路发展事业群、餐旅事业群。“诚品”持有“诚品生活”股份百分之五十一以上，保留经营主导性。

阅读在浪漫的右边，精明的左边，它其实就端坐在中间，是平衡的支点，也是共融的度衡。诚品的组织变革，亦是实践文化创意产业营运模式的过程。

诚品以阅读的核心价值为根基，确立了公益性文化事业与经营性文创产业二端的并进发展。二〇一〇年，重新定位企

(1) 西格玛曲线（Sigmoid Curve）是条 S 形曲线，是数学概念，也是许多人熟悉的隐喻，象征“盛极而后必衰”的定律，可以用来说明人生、历史，乃至于企业、政府的历程。查尔斯 · 汉迪 (Charles Handy) 认为，要打破 S 曲线的宿命，唯有另外开创第二曲线，才是经常持盈保泰之道。

丰富的文化内涵

诚品生活
The Platform for
Creative Commerce
创意经济的全平台

创意经济为基底的复合通路、
生活品牌、餐旅事业、旅馆事业

结合“文创”与“产业”连锁而不复制的店
型规模与运营模式

与人为善的心念
慎选空间、商品、活动、服务与人才

诉求差异化主题、创意行销能力
生活产业的展售场所

兼具观光价值、跨界结合、人才创业、
体验分享的文创产业平台

内敛与外显的交流及共生共荣

诚品
The Provider of
Cultural Content
文化内容的提供者

综合书店、画廊、展演、
资讯物流等专业之深度经营

华人文化创意与相关附加价值
服务之精选内容提供者

旗下控有多元相关转投资事业之
公司并追求整合综效

当代发掘推广优质内容之
文化创意产业主要控股公司

业愿景——未来要成为全球华人社会最具影响力且独具一格的文化创意产业领导品牌，并对提升人文气质积极贡献，持续迈向文创产业平台的整合经营之路。

在相同的企业核心价值下，诚品与子公司诚品生活肩负不同的任务。

“诚品”定义为文化内容的提供者，持续以累积多年的专业，深度经营书店、文具、展演、画廊等文化创意事业，同时致力于深耕丰富的文化内涵，提供华人文化创意与附加价值内容。因着母公司的定位，亦负责“诚品”品牌旗下多家相关转投资公司的综效，成为文化场域与文创产业控股集团。

“诚品生活”定义为创意经济的全平台，是生活与文化场域经营者，负责复合通路生活品牌、餐饮事业、旅馆事业，以品牌核心价值“连锁不复制”的场所精神，经营与创新店型规模与营运模式，发展兼具跨界实演、观光价值、人才创业、体验分享的文创产业平台。吴旻洁为这家新公司取了一个充满希望之美的英文名——The eslite Spectrum Corporation。

Spectrum 代表光谱，八个字母分别代表：红色的 Shine（闪耀）、橙色的 Play（游戏）、黄色的 Explore（探索）、绿色的 Connect（联结）、蓝色的 Think（思考）、靛蓝的 Reveal（展现）、紫色的 Unwind（放松）、Meditate（冥想）的八种意义，传达出诚品生活通过人文、艺术、创意、生活的场域，以生活光谱，打造跨界文创交流平台，吸引人们驻足、筑梦，享受欢聚时光。

诚品生活取名Spectrum（光谱）的缘由有多层含义。

“我们认为，光是一种能量，诚品生活盼望成为明亮温暖与正面能量的生活场所。光谱同时是一种复合现象，这是代表诚品生活团队用心经营复合多元的丰富文化场域。然后，我们可以再看进光谱内，里面的色彩五花八门却有其共通与相互相关性，每种颜色皆可独立识别，并也经常同时与其他颜色紧密相连结合产生新的色彩，代表了诚品生活的经营内容涵纳跨业种与多品牌的特色，彼此拥有共同坚持的调性质感与管理要求，连锁不复制，追求高质量与创意表现。”

吴旻洁指出，不同的人观看光谱中不同的颜色，可能会发现其中诸多的相似之处，“就像诚品生活期待与每一位来访的客人，相互辉映出不同的灵感、意义与色度，过程中涵括各式各样主题与品牌，让人们在其中体验探索乐趣”。

光谱亦象征着诚品生活团队的自我期许。她说：“肉眼可见的光谱只占宽广的电磁波谱一小部分，我们了解看不见的事物不表示它们不存在，反而需要借由看得见的事物去观察、体会与想象不可见的知与未知，诚品生活希望与人们分享与体会生命中不可见的层叠交融的情感，共同创造精彩的当下与深刻的回忆。”

诚品与诚品生活形成一条文创价值链，是浪漫与精明的共融创新，也是内容与平台的交流共生。

浪漫与精明的创新

诚品是内敛的文化内容，诚品生活是外显的文化氛围场所与商业平台，二者营运模式变得更动态多元，朝向跨疆界、跨文化、跨领域、跨类型的方向发展。展店规模可根据营业面积，从百坪到万坪，进行创作、调整与店型组合；可以是独立经营的文化场域，也可兼容于不同的百货公司或历史建筑。

诚品是母公司，向子公司诚品生活承租空间，共同营造书与非书的场域。在诚品整体的经营管理会议上，可以听到书店、画廊负责主管跟诚品生活通路发展主管讨价还价租金的趣味对话。诚品生活因诚品而有了书店和展演的人文风景，诚品则规划以共荣共创的力量，扩大对当代文化、社会的影响力。

例如，从二〇〇九年十一月横跨二〇一〇年二月，诚品画廊与台北市立美术馆共同举办三个月的“蔡国强泡美术馆”当代艺术展，观展人次突破二十二万，超过当年来台展出的“世外桃源——庞毕度[1]中心收藏展”，创下台湾当代艺术展史上参观人次新高。

这是蔡国强首度在台湾举办回顾性大型个展，诚品全体总动员，画廊团队负责策展，展演传播部担任专案总召，负

(1) 庞毕度（Pompidou）在大陆译为蓬皮杜。——编者注

责整合跨事业部各自领域的专业思维、创意与执行，共展出涵盖古根汉[1]巡回展中的大型装置、火药草图、爆破计划的影像纪实等三十五件大型作品。也包括蔡国强特地为台湾创作的三件作品：从他的故乡泉州运来，重达百吨巨石的雕塑装置“海峡”；结合行为艺术与爆破艺术，细腻展现出女舞者在十二小时里，随身心变化而不同的肢体语言与花草之美的爆破草图“昼夜”，以及表现了对台湾大自然感动的爆破草图“游走太鲁阁”。

在蔡国强为这个大型个展所写的引言“说不尽的谢意与感动”中，他说：“……‘泡’美术馆这个主题，这与台湾的文化生态有很多互动，例如：泡茶、泡妞、泡网咖，在在努力都是希望能广邀各界人士来享受美术馆，感受艺术创造的乐趣……为了这个展览，我一口气做了三件新作品，这是因为我知道每次在台湾，都可以做出很好的作品。这个信心来自十几年来，我在世界的足迹，都伴随着台湾朋友们的鼓励、支持与成长。”

他在其中感谢了当时的北美馆馆长谢小韫与北美馆团队、展览总顾问杨照、上海外滩美术馆、蔡国强工作室，以及吴清友与诚品团队，“从一九九八年在诚品画廊做‘胡思乱想’开始，诚品就成了我在台湾的家，清友兄和我情志相投，我对他的仰慕日增，他是儒雅品格的楷模，诚品团队更是一流的团队，

（1）古根汉（Guggenheim）在大陆译为古根海姆。——编者注

不光拥有制作专业上的最高水平，还怀有强烈的社会责任心，致力带给社会更健康的力量和希望……这是一次向台湾朋友们的汇报，也是我回文化故乡的旅行，而这个旅行不是终结，是另一个开始”。

除了蔡国强，诚品画廊从九十年代开始就与两岸及海外华人艺术家合作，如李德、陈夏雨、苏旺伸、连建兴、郭旭达、司徒强、刘小东、徐冰等艺术大师。当年与诚品合作时，有些人都还是刚刚崭露头角的新锐艺术家，也因为长年与这些艺术家一路相伴，有的艺术家甚至表明要将其身后所留的作品交给诚品画廊持续经营。

“我们不仅是经营艺术家的作品，更是疼惜与一路扶持他们的创作生命。”诚品画廊执行总监赵琍是诚品画廊的灵魂人物，她早在二十世纪八十年代就投身画廊业界，在吴清友的力邀之下，一九九二年加入诚品画廊。二十多年来，她带着团队坚持着吴清友创办诚品画廊的信念——以“扶植与推动华人当代艺术”为职志。

赵琍积极串联起亚洲其他地区的当代艺术，同时策展更多新意的展览主题，“在艺术家与收藏家之间，我们一脚踩在艺术家的世界，一脚要踩在现实的世界，必须要清楚每位艺术家的特质以及他们的创作状态、作品想表达的概念。某种程度，我们是艺术家的保姆或保护者，也促进他们的作品在市场上因为被了解、欣赏而能更受人尊敬”。

吴清友和赵琍深具默契，且彼此信赖。赵琍除了绝佳的鉴赏眼光之外，亦有着极大的经营自由，除了台湾的艺术家，她可以到全世界去寻找当代华人艺术家。所以，她在一九九三年飞到纽约与徐冰见面，一九九七年在纽约皇后美术馆认识了蔡国强，几年后也结识了刘小东……诚品亦是台湾最早关注华人当代艺术的画廊，至今挖掘与经营的华人艺术家遍及海峡两岸、东南亚、日本、欧美等地，关注的当代艺术面向也扩展到亚洲其他国家。(1)

近年来，诚品画廊因长年专业深耕当代华人艺术家，以及具前瞻性的经营眼光与国际化的策展能力，备受国际重视。二〇〇九年，诚品画廊入选世界顶尖、有着国际艺术博览会的奥林匹克之称的巴塞尔艺术展（Art Basel），成为巴塞尔艺术展创立四十年来，首家参展的台湾画廊。二〇一七年，诚品画廊获在线媒体 artnet 评选为香港巴塞尔艺术展十大最佳展位、在线媒体 Artsy Editorial 评选为香港巴塞尔艺术展十五大最佳展位，成为亚洲当代艺术画廊在世界艺术版图的要角之一。

“巴塞尔不仅是竞争激烈而且是‘锐利’，在这样的展会背后代表的是文化强势与市场强度，若我们不将自己当作中心，

(1) 诚品画廊关注的艺术面向扩及全亚洲，不定期举办特展，例如：二〇〇八年，邀请现任新加坡国家美术馆馆长陈维德博士策划“咖啡、烟、泰式炒河粉：东南亚当代艺术”，推出来自东南亚六国共十七位艺术家，此为台湾最早介绍东南亚当代艺术的展览；二〇一三年，举办“芜境游牧”，为台湾首次带来了超过十一名中东、中亚与东亚艺术家的作品。二〇一三年起，推出“两岸青年艺术家在诚品”展览计划。诚品画廊也参与重要的国际艺术博览会，如艺术北京、台北艺术博览会、上海 ART021 等。

则永远只能成为别人的边缘。”赵琍表示。

“我们在哪里，哪里就是国际”是赵琍多年来迎战国际展会所累积出的心得。

诚品文化艺术基金会成立

吴清友认为，生命有三种层次，从生存、生活到生命，对应到企业，也有生存、领先、标杆典范的三种阶段，“企业的价值需要兼具商业价值、社会价值以及文化价值，这也是诚品不变的信念”。

二〇一〇年八月，成立诚品文化艺术基金会，以“推广阅读”为使命，走入了许多诚品书店未能企及的小区人群，并邀请童子贤担任董事长默默耕耘，具体落实“有书读、爱读书、读好书”的社会责任目标，特别关注那些“不山不市”的乡镇。

书店开不到的地方，就用四轮前进吧！其实，从二〇〇八年开始，诚品就启动“深耕阅读计划”(1)，整合实体通路和物流仓储，打造行动阅读书车，以行动图书馆模式走进诚品未到达的城乡。接着，执行“阅读分享计划”，对外募书，号召

(1)“深耕计划”与偏乡中小学整年度合作推广阅读，通过专业选书、足量新书、教师增能、阅读活动、行动图书馆定点深耕，在地培养愿意发挥阅读影响力的人。另有“校园阅读推广”，接受高中职申请，让学生自主阅读经典后以创意形式对外分享，培养阅读素养与服务精神。

理书志愿者，把书送到需要的人手中，诚品物流中心的一楼就是理书志愿者的工作场。[1]

行动图书车会专程为台湾乡村的儿童送去图书，进行说故事的活动，同时也为学校培训阅读师资，协助设计教案与策划阅读延伸活动，引导孩子的阅读视野。

近年，团队进一步思考：相较于大都会区，偏乡学校的资源缺了什么？诚品还能做什么？

“我们发现，他们缺少的是打开眼界的机会！”诚品文化艺术基金会副执行长米君儒说。偏乡有不少中学生学业成绩优异，毕业后，考上位于都市的志愿学校，却因家中经济困难、家人生病等因素，被迫放弃进入理想志愿，就近就读。另一方面，部分地区因学校资源有限，较少举办课业以外的活动，学生探索各领域的机会少。

于是，基金会提出从高一陪伴到高三的“青年璞玉计划”，并获基金会董事会通过，从二〇一六年一月开始执行。光是找出青年璞玉的过程就充满着诸多细节。基金会团队向各校老师征求推荐家境清寒或家庭相对弱势，但学习与生活态度正向，具备社会行动力特质的学生。经过书面审查与电访，真实聆听被推荐者的人生故事后，邀请入选者参加计划。

(1)“阅读分享计划”是为阅读资源缺乏的地区募集好书，成为分享者与阅读者之间的桥梁，二〇〇九年至今约四千人次的志愿者参与，举办超过一百五十场次的理书活动，共赠出达一百二十万册至两千五百家以上的机构。

每一次的开始，就是为期三年的陪伴。获选的学生将于高中三年中，通过三个阶段的五天四夜营队：高一的寒假营队、升高二的暑假营队、升高三的暑假营队[1]，打开眺望世界的窗，学习应对社会的能力。营队由基金会负担来返车资与所有费用，并安排阵容强大的讲师群，以及与童子贤、吴清友等长者面对面的交流，期盼通过细心打磨的过程，这些青年璞玉能够感受到这个世界远比自己想的更有希望，有机会翻转未来。

组织改造，初心不变

二〇一〇年后，吴清友就要求吴旻洁负责集团营运管理。“这些年集团营运都是 Mercy 带着团队实际走到第一线，她做了许多营运的调整，假设她不是我女儿，若能找到像她这样的接班人，我也会很放心！”

(1)“青年璞玉计划”三年三阶段的营队活动，以“我未来最想改变的一件事”作为贯穿主题，循序渐进安排不同的学习目标。第一阶段是正向心态与生命姿态的“Attitude”（态度），学会订定自己的未来目标，并拟出短期的行动方案，安排了科技与设计、公民素养与法治社会、自我探索、社会企业的意念与实践、自由书写等课程；第二阶段是达标与应对能力的“Skill”（技能），学生要学习如何执行与修正第一次提出的短期行动方案，接续拟出中期目标与步骤。此阶段更是难得的课程，如哲学思辨、文学读写、美学鉴赏、科学求证、静心与安顿自己、简报技能、声音表情等。第三阶段是知识见闻与辨别的“Knowledge”（知识），升上高三的他们要学会检验目标计划，汇整达成目标需要的资源。

吴清友形容，女儿比他浪漫，也比他务实，“Mercy 是上天与太太赐给我最好的礼物”。若论吴清友生命中两个最重要的创作，一个是诚品，另一个就是一对儿女。儿子教会了他每个生命都是独一无二的个体，女儿让他理解灵魂的成熟度和年龄无关。

诚品总经理室协理潘晃宇观察，组织变革后，书店产生某种质变，同事们开始了解理想不是块硬砖头，而是用各种途径去实现文化创意，只要初心不变。“我们学会欣赏数字，理解了有获利率，才有分享力，在做每项投资评估时，大家会仔细分析，经营书区也更有想法，希望能为读者创造更多价值。”

诚品通路事业群通路企划处资深经理林萱颖比较整合前后的组织沟通文化，过去管理工具比较少被讨论，后来因为跨部门合作频率高，相对需要更精准的聚焦，因而学习运用更多的管理工具来达成质量共进的目标。

管理工具里的“甘特图”特别受到团队的欢迎，当然也散发着诚品浓浓的人文艺术风，有的人讲究线条、配色，有的人加上创意插画，各有风格。亨利·甘特应该没料到自己在一九一〇年用于工程管理的工具，二十一世纪在诚品内部“文艺复兴”。

诚品团队不约而同提到：“我们为诚品的理想坚持，诚品努力想让同仁生活更好；Mercy 带来了管理与策略上的积极改变，像是加速开店与收店，前进香港、大陆。”因为稳定发展，薪资与奖金结构上调，在所有诚品人的努力之下，历经二十六年，至二〇一五年年底，集团的现金与可运用资金首度高于金融负债。

诚品也从二〇〇六年起，连续十二年入选为《Cheers 快乐工作人杂志》票选“新世代最向往企业 TOP100”的前五名，二〇一七年跃居第一名，是这个调查首次由媒体文化业者登上宝座。吴清友连续三年进入台湾 yes123 求职网“毕业生职涯规划调查”社会新鲜人票选“梦幻老板”的前三名，二〇一七年他为第二名，第一名是台积电董事长张忠谋。

吴旻洁也是《福布斯》杂志二〇一五年评选亚洲商界潜力女性、唯一获选的中国台湾人。当年，吴清友授权吴旻洁整合书店与商场的通路。事实上，这个决定不只是激活组织变革，还是传承的起点。

但对于许多企业创办人而言，这是项难以学会的功课。

如英国管理大师汉迪所言，在企业史上，有太多创办人认定自己的成功模式是唯一的路，陷入成功吊诡——执着眼前成就，却无法保有成就。汉迪认为，比较好的做法是在第一曲线继续运行时，思考未来，启动变革，把第二曲线的思考交给下一代，让年轻一辈创新。根据汉迪的观察，企业要发展第二曲线，由将承继组织与社会未来的第二代人士进行第二曲线思考最为顺理成章，不但能注入新思维，也能提早让组织的年轻世代为未来负起责任。

过程中有个极重要的关键，就是领导人要有容错能力。这也是吴清友多年后的感想。他通过病痛对生命有一种更真实的觉知，也因而更能放手。

“企业的传承会功败垂成，最大原因是出在第一代并非真的授权与信任。当你交给了年轻一辈，就得权责相当，不能因为怕他们犯错，还是把决策权揽于一身。上一代若能回头省思，会发现自己不也是从错误中学习、累积而出所谓的实务经验吗？想通了，就会明白上一代的放手与容错，是让下一代经营者成长的途径，何况面临的经营环境也不相同了。”

对于这位创办人而言，二〇一〇年后，更重要的任务是确保在平衡之路上，诚品的任何创新与改变都要保有品牌的核心精神。

“没有商业，诚品不能活，没有文化，诚品不想活。”吴清友说。

“我们一直相信，每个人的生命都是一本大书，阅读是人类内外部活动的必要存在，就算产业逐渐没落，阅读绝不能从生活与生命中失落。有多少的人还不重视阅读，诚品就有多少需要努力的空间。”

从吴清友的观点，理念的永续是最重要的，再来是企业的永续，最后才是家族的永续。

吴清友的自白

天空、阅读与人生

（本文以吴清友自我对话角度书写）

你花很多时间在求诚品能活下去，你无法预知未来，只知道，无论如何它应该存活，又时常于书店这个场所进出，比别人多了一点想象，油然而生一种莫名笃定感：对城市而言，书店是必要的存在，对生命而言，阅读是必要的活动。

你对于诚品与推广阅读，无愧于心，唯一惭愧的，在为人父多年后，才学会“阅读”孩子，在夜深人静时，懊恼自己驽钝。

长子威廷让你领悟到每个生命都是独特的。

你知道他是善良的孩子，你们在跟父母讲电话，他听出阿公生病，六岁的他暗自带着四岁的妹妹，去住家旁的小土地公庙帮阿公祈福，并在隔周阿公阿嬷来台北小住时，带他们去还愿。但他很令你头痛啊！中学爱跷课，躲去阳明山格致中学附近的佛寺里，学业不精进，散漫不经心。你急，男孩子怎么能够如此，以后是有家庭责任要担当。你不笑，看上去又严肃，搞得父子关系紧张，也不谈心，一直到儿子二十多岁，他受不了，跟你坦白这辈子可否只想过简单的生活，这是他决定的人生！

幸好，你听进他的内心话；幸好，你放下华人传统里的望子成龙；幸好，你从儿子身上看见年少时的吴清友——家中唯一不听话的孩子，高中是问题学生，还因滋事，被少年队警察与学校教官约谈，闯祸不少，父亲恼得要与你脱离父子关系！但有另一个你，喜欢佛寺的自在与宁静，寒暑假时，还会静居台南关子岭佛寺，只有你懂这样的自己，心灵深处相信自己依然善良。

醍醐灌顶。你对自己说："拜托！吴清友，你也不是资优生，干吗严格要求儿子？"

转念之后，你改变了，开始跟儿子像朋友般相处。他是你一生中唯一时常叫你看天空的人，老是喜欢在阳明山的夜晚，叫你抬头："老爸，看看天空嘛！"

你记得二〇〇二年三月三十一日午后的那场"电梯惊魂记"，一家人在喜来登饭店用完餐，碰上"三三一"地震，短暂受困电梯，儿子并不慌张，那是诚品经营台大医院店之前。

心血来潮，带着儿子走去仁爱路上的台大医学院医学人文博物馆，想来个机会教育。你特意停留在医师誓词墙前，要他读读上头的文字："准许我进入医业时：我郑重地保证自己要奉献一切为人类服务。我将要给我的师长应有的崇敬及感戴；我将要凭我的良心和尊严从事医业；病人的健康应为我的首要的顾念：我将要尊重所寄托给我的秘密……"

你忘不了孩子看得专注的眼神。

你一直都知道的，儿子有做到诚品讲的人文精神，同事、邻居都说他古道热肠，热心助人。

难怪他老是钱不够用。有时，儿子特别早起，殷勤送你到门口，望着你傻笑，你就知道，月底了，需要你拔刀相助。

二〇〇九年四月的某天夜里，你听见太太着急叫着，儿子出事了！你冲到儿子房间，见他双眼紧闭，妹妹哭喊哥哥没呼吸。在救护车来前，你努力帮着儿子做 CPR（心肺复苏），一秒都不敢慢。你再也忍不住了，诚品最苦时都不轻易落下的男儿泪。

人工呼吸竟是最后吻别。悠悠生死别，儿子入了妹妹、妈妈的梦，唯独缺你。

想起二〇〇六年十二月的香港手术前一晚，儿子在病床前安慰你说："老爸，放心吧！我已经向佛菩萨祈愿折寿给老爸了。"你望进他晶亮的眼里，一时无语。

每当思念，你就想起他说的："老爸，看看天空嘛！"你看了天空，却忘了问他为何喜欢叫你看天空。问不到了。只能猜想，儿子应该是觉得你每日忙于公事，神情太过严肃，要你欣赏云朵的自由，体会宇宙星空的变化。

你很难形容父对子的思念有多深长，但日与夜仰望天空已是生活日常。

你相信每个人都是有情之人，会触景生情。有次你到台中出差，回程想起还没吃中餐，在高铁站的麦当劳买了汉堡，咬下的第一口，忆起跟儿子去吃麦当劳的往昔，顿时泪流满面，分不清嘴里咸味是汉堡还是思念。

到中国香港、日本，就会想到孩子还小时，你带他们来旅游的此情此景。记忆痕迹在你心里是甜蜜的感伤。

渐渐地，感伤变成觉醒，那些曾经关切过的人地事物，不断重现，引发你重新思索这个世界。你花了很多时间学从容，近年体会出真正的滋味，在儿子走后，女儿分担责任后。

你也懂了，世界上有一种阅读，存在每人心中，会触动一个人最深处的心灵探索，它的原点是从生命的情感开始。

你也明白，世界上有一种阅读，存在生活周遭，是书本里找不着的篇章段落，它的缘起是从生命中出现的人开始。

人生，来空空、去空空。不如，一起看看天空？

第 三 部

2011—2017
诚品的场所精神

诚品谈书与非书之间，我们阅读！我宁可将阅读界定为人文关怀。

一个心灵的出口是停泊，一个心灵的缺口是漂泊，

在诚品这个大平台，我们相信有很多种形式可以展现人文关怀。

——吴清友

11

输出集体创作

诚品生活、诚品书店与城市文化的共创

想象一片海洋，丰饶阅读者的眼，世界文学的书墙，背景是悠悠晃晃的维多利亚港。这是位于香港星光行二、三楼的诚品生活尖沙咀店，二十九扇面海大窗，超过二十万册书籍，阅读着“书”，也阅读着“海”。

想象一个居所，典藏爱家人的愿。大树是好友，大湖是至交，住宅是探索内心深处灵感的人文居所，这是苏州金鸡湖畔的“诚品居所”，也是诚品首次创作的住所。位于一万七千坪诚品生活苏州店两侧，两栋楼高各二十四层、二十六层，书店就是家中的大图书馆，还可逛逛诚品生活苏州这座“人文阅读、创意探索的美学生活博物馆”，或漫步湖畔，眺望日照夕阳。

想象一个行旅，疗愈旅行者的心。没有书本的房子，就像没有开窗的房间。诚品创作了“诚品行旅”，大落地窗外是水色生态，大厅内是整面书墙的人文姿态，所谓读万卷书，行万里路，诚品行旅结合松山文创园区与诚品生活松烟店，本身就是一场聚合人文阅读、文创展演、音乐电影、绿意自然、体验生命感动的心灵之旅。

想象一种生活，触动游逛者的梦。可以集会作乐，也能独坐听声；可以驻足欢趣，也能悠游闲静；可以品尝一杯远从法国庄园来的红酒，也能啜饮研磨书页的咖啡。创意可以是独特的非物质遗产，也能是有趣的文创小品；生活风格可以是油盐酱醋的实演厨房，也能是书柜上的醍醐灌顶。

想象一个空间，蕴含城市人的梦，有书店、画廊、讲堂、文创平台、音乐厅、电影院、居所、行旅。这些都是诚品的跨界实演作品，虽然跨越了不同产业，却都是人文、艺术、创意融入生活的创作，也让诚品成为一种生活。

有一种创新叫“集体创作”

走过二〇〇七到二〇一〇年的调整期后，带着蜕变的能量，诚品生活与诚品书店开启了集体创作的全新航线。

二〇一二年开幕的诚品香港铜锣湾店，是诚品与台湾原创的集体创作。诚品首次在岛外展店，也为香港引进台湾原生的文创品牌。

二〇一三年一月诚品生活上柜后，八月开了占地六千坪的诚品生活松烟店。首度问世的诚品电影院、诚品表演厅、文创工厂区，以及二〇一五年开幕的诚品行旅，是阅读结合电影、阅读结合展演、阅读结合手作、阅读结合旅行的集体创作。

二〇一五年十一月的诚品生活苏州与诚品居所，是诚品最早决定的大陆基地。耗时五年，从无到有的自创自制，从一块土地的规划设计、建筑营造、招商开发，到营运管理。是诚品与苏州这座城市的建筑创作，展演“生活在诚品”的集体创作。

当二〇一一年，亚马逊宣布电子书销售量超越纸本书的那一刻起，阅读的时空形式就已改变。人们从不同的载具阅读，也在碎片时间里阅读。二〇一一、二〇一二年也是全球大型实体书店亏损与关门的高峰。

美国最大连锁书店邦诺（Barnes & Noble）大量关掉各地分店，发展网络书店与自有电子书阅读器“Nook”。二〇一五年拓展销售线，跨入如玩具、美术用品、黑胶唱片机、品酒服务等，不再只是书店（Barnes & Noble Wants to Become More Than Books）。但美国第二大连锁书店Borders（博德斯集团）就没这么幸运了，集团想力挽狂澜，电子书店二〇一〇年才开张，隔年就申请破产保护。

很多人会认为，实体书店熄灯是因为网络书店的冲击，不过，从另一层面，有更大的关键是像亚马逊创办人贝佐斯所说的，冲击实体图书出版业的不是亚马逊，而是未来。

当年面对未来，大家纷往虚拟世界走，诚品反而拓展实体通路以及深化场所体验。如果点出诚品展店团队那时期的甘特图，集团启动两岸及香港三地布局计划，展开更大规模的实体创作。除了台湾展店计划，大陆项目、香港项目几乎是同时并进的上下并行线。

“诚品在岛外展店，是期望能够影响更多的人，诚品之所以成为诚品，就是我们永远会坚持对人文、艺术、创意融入生活的信念，这个理想是不会改变的。”吴清友说，诚品希望输出的是一种人文素养，为所到的城市注入一股新能量，尊重各地文化特质，也与在地共生共创。

然而，文化是有地域性的。诚品思索着如何通过当地城市的语汇，让人文、艺术、创意融入生活，成为共鸣的语言。蜜蜂在筑巢时，蜂巢的形式已存在群体的联结里，这也是诚品团队经过二十多年积累，所淬炼出来的品牌能量。

若说二〇〇六年的诚品信义店，是诚品集体创作的进化，那么二〇一二年后，是诚品集体创作的再进化。走上国际，用品牌和城市共同创作，以通路和跨界读者对话，让诚品成为充满多元可能的文化事业与文创产业平台。诚品生活松烟、诚品行旅、诚品居所、诚品生活苏州，都是这个阶段新鲜的尝试。

让阅读成为香港的风景

诚品的岛外第一站，是香港地铁铜锣湾站出口可直通的“希慎广场”，邻近时代广场、SOGO 百货。

希慎广场隶属香港希慎兴业集团的商场办公大楼。为了创造独特性，看准香港人与游客到台湾最喜欢去的文青朝圣地就是诚品，开出优惠的条件，邀请诚品进驻，把香港商业精华区八到十楼的空间给了诚品。目的就是想通过诚品在商场的洒水效应，吸引人潮。

二〇一二年八月，诚品在当时全球店租第二高、每日人流量超过十六万人次的铜锣湾区，开出近一千两百坪的诚品铜锣湾店。藏书量超过二十三万册，八到十楼的空间包括诚品风格文具馆、儿童馆、音乐馆、诚品 Forum，以及阿原肥皂、天仁茗茶、王德传等台湾原创品牌，还有原汁原味的诚品画廊策展。“我们不是只有大师的作品，也把香港艺术加进来，让当地艺术发声。”诚品画廊资深经理张海平说。

由于这是诚品的第一家岛外店，铜锣湾店虽然不是二十四小时书店，第一个月特别推出每周四到周六，书店营业二十四小时的庆开幕活动（八月十日到九月十六日），让香港人体验书店夜未眠。开幕活动结束，书店的周四到周六恢复正常营业时间。主要原因是香港交通多靠大众运输，地铁营业时间结束，民众没有主要的交通工具，出门相对不便且昂贵。

开幕的二十天就吸引超过一百二十万人次。“诚品为业主带来人流，业主回馈我们具竞争性的房租，这是双赢。”诚品生活副总经理吴立杰说。

其实，铜锣湾店刚开的第一年，人们对于诚品在香港开书店能否持续营运抱持着问号。

他们说：“看吧！香港这个文化沙漠，是我消费故我在的商业城市，关心的是八卦与商业新闻，诚品来了也是一样。”“香港居住空间狭小，连客厅都得摆床，书柜根本不大，很多人还没书柜。”“诚品铜锣湾店人最多的地方不是书区，是排队买珍珠奶茶的人潮。”多数香港人也形容自己“唔钟意睇书（不爱看书）”。

陆地面积只有台湾二十九分之一，弹丸之地的香港，是重要的国际金融、服务业与航运中心。这座七百万人的城市，每年迎接五千多万人次的访港旅客，速度与空间都必须发挥到极致，“匆忙”成了这座城市的宿命。

然而，诚品却想在香港创造阅读的风景。

“诚品把自己当作参与城市文化塑造的成员，要与香港共创城市的精彩。我们通过空间、活动，形塑出静谧安定的氛围，使匆忙的都市人来到这里，从容沉淀下来，成为读者得以安顿身心、从容停泊的心灵港口，引发香港潜在阅读能量。有一天如果可以在香港年卖七百万本书，代表人手一书！香港就不是文化沙漠。”吴清友说。

诚品在香港铜锣湾开出全港最大书店，书区比台北敦南店大上一点五倍，已经够让寸土寸金的香港惊讶了！二〇一五年、二〇一六年又连续展出诚品生活尖沙咀店与诚品生活太古店。

诚品生活尖沙咀店位于天星码头前的星光行。享有维多利亚港海景，同时与国际购物中心海港城相连，为精品消费环伺的尘嚣，创造一处悠游的空间。因着尖沙咀天星码头是古今要塞，以及香港人昔日约会的老地方，诚品以旅人、台湾、多元、文化为主题，超过二十万册书籍，让读者坐在海景大窗阅读、沉思，饱览维港风光。

诚品生活太古店更是香港稀有的街边书店，因为无法负担一楼店租，香港的书店通常藏身在二楼以上。太古店位在香港太古城中心的 G 楼到一楼（台湾的一到二楼），为邻的有无印良品、ZARA 等国际知名品牌。望进诚品的落地橱窗，咖啡香伴随书香，引人不由自主想从街角转身，瞬入这舒缓境地。

在全球实体书店数量减少的态势下，诚品每年持续展店，书店面积持续扩增。香港铜锣湾店的书区达九百多坪，远大于六百坪的台北诚品敦南店，接续的尖沙咀店、太古店的书区规模也都毫不逊色。相比台北，相同的一本书承担的是更高的租金成本。

“书店是诚品的核心价值，也是核心事业，我们会坚持书店的营运内涵与必要的面积。外界评论诚品书店的面积逐渐缩小，是因为诚品整体扩大，呈现更多元的内容，书店经营面积看似相对变小，但其实书店总量体是持续在增加的。”诚品总经理李介修说。

文化的耕耘需要时间，走上国际的诚品，一如在台湾，要让阅读成为一种生活态度。

“诚品是以多样生活的角度让人们亲近阅读，希望提供一个场所，让任何人可以带着喜悦心情，慢慢享受两三个小时的阅读时光。”吴清友从二十世纪九十年代开始，不断陈述诚品存在的意义，且自始至终都没改变过。

“诚品是众生平等、优质共享的空间，我们希望成为城市人的桃花源、城市人的香格里拉、城市人幸福生活的必要存在。诚品的场所也是创造一处身心安顿、心灵停泊之所在，关心着心情的质量、心灵的气质、生活的素质、生命的价值，人在诚品相遇、相知、相疼惜，分享与人为善的正面能量……”于吴清友而言，或许世间无法让人生来平等，阅读的世界却有机会众生平等。

一旦引起享受阅读的乐趣，即使离开了诚品的场域，也会不自觉在生活片刻，寻找喝杯咖啡、看本书的机会。“文化就是人的生活，诚品希望做到让阅读生活化，我们最大的竞争者不是别人，而是读者的时间。”吴旻洁说。

诚品生活上市柜

二〇〇九年开始，吴清友就在为诚品永续经营的未来做准备。他思索，在体验经济与文化创意产业崛起趋势下，诚品需要更进一步强化经营体质，并要能提升企业在资本市场的评价与融资弹性，走向上市柜，才能有更积极的成长动能，彰显出品牌企业的价值，达成永续经营的目标。

其中有个关键问题是这位品牌创办人必须要思索的：要用何种策略，才能让诚品兼顾文化理想与商业现实，保存品牌原始的理想性，不因资本市场运作失去了文化创意的自主性。

集团决定分割诚品，以通路品牌“诚品生活”上市柜，诚品母公司得以拥有自主性，持续进行深度的文化扎根。就品牌的长远发展来看，诚品持续耕耘、累积品牌的核心价值，也因保留品牌权利，确保了品牌资产的运用不会偏离信念；另一层面，分割出来的诚品生活也可根据明确的商业模式，稳健的获利与现金流，获得资本市场的青睐，拓展业务，布局国际市场。

“因为IPO（首次公开募股）看的是财报，书店不会有太大利润。诚品书店会做许多精彩的文化活动，像是演讲、料理教室、展览，这些事都要花钱，无法盈利。”吴立杰说得直白。

二〇一〇年，诚品生活从诚品分割出来，就走向“诚品生活综合体”的未来之路，以创意生活产业跨地域、跨文化与跨领域经营。当诚品生活到了香港，输出的是台湾文创的能量，以及诚品积累二十多年的阅读文化与品牌影响力。

在这座充满活跃经济能量的国际城市，她面向的是来自全世界的读者。对于诚品生活要发展的是创意经济全平台。另一方面，当诚品要输出台湾的集体创作，两岸及香港布局可以让她延伸文化内容的影响力，从华人城市的诚品迈向亚洲城市的诚品。

“开铜锣湾店时，每天在混乱中解决一个又一个的问题，刚开始，台湾总部支援香港同事的能力严重不足。”在诚品学习国际化的路上，吴旻洁是集团委以重任的决策者。

二〇一三年，诚品启动台湾总部计划，建立能联结两岸及香港市场的管理机制，“系统化、规章化、书面化、制度化，total cost（总成本）是什么，choice（选择）能有什么？三地同事要有共识，一件事如何完成，如何确立是诚品的调性，这条路有得走”。在吴旻洁的想象中，诚品的总部不久要能精进到品牌授权的能力，这也是她为自己与团队订下的中长期目标。

台湾总部在注入国际思维之余，也朝向永续经营。那一年，诚品生活也以每股一百五十六元承销价挂牌上柜。

诚品是一种生活

自此开始，作为具备“观光价值、跨界媒合、人才创业、体验分享”的华人文创产业平台的目标变得更加清晰。

二〇一五年，诚品生活尖沙咀店甫开店时即呼应着天星码头的历史文化与观光热点特性，二楼以创意生活为主轴，三楼以人文艺术为命题，引进港台及跨国品牌，其中五成为台湾品牌，百分之二十四为香港本土品牌。二〇一六年的太古店是诚品第一家深入香港小区的店。以“家”为意象，共有近五十个涵盖家饰、食品、厨具等海峡两岸的文创品牌，是三家店中拥有最多生活品牌的，并规划全香港最大的儿童书店。

因着“文化就是人的生活”概念，诚品带进香港的，除了崭新的阅读体验，还展演“诚品是一种生活”的文创风格。在诚品的文创平台上，有来自台湾的烘焙面包铺、香港本地直送的新鲜水耕菜、达人手作果酱、本地手冲精品咖啡、日本低碳餐厅、德国油醋品牌、手工皮鞋、Handmade Studio（手作工作坊）等。诚品化身生活风格的引路人，从书籍、饮食、服饰、用品、家居……创造完整系列的诚品式生活与体验场域。诚品为广大读者严选，为文创品牌引路，为生活风格形塑，建构出对个体有意义，启发想象的经验。

这里头，可见诚品的品牌优势。

首先，场所精神产生深度的多元质变，从一九八九年到二〇一二年，诚品创造出不同类别店型的多元场域。独立店的诚品、转运站、医院内的诚品；位于百货商场、城市大道、小区的诚品……各自散发不同的风格。连锁而不复制的创作思维，注重“人、空间、活动”三者互动累积而成的场所气质与空间美学，企业的差异化策略由此产生，也是诚品形成创意经济的基础。

“多元的背后其实是一个积累专业的过程。”通路事业群副总经理林婉如形容，每展一家店，团队都要做出不一样的思维，包含新店型、新产品、新品牌的研发，“从选品团队、物流团队、供应链平台、展店团队、设计团队、营销团队……诚品给予同事很多的资源”。

换言之，规模经济只能降低看得见的成本，但看不见的付出，如投注的心力、团队的创意是无法减少的。诚品团队愿意下苦功，不愿品牌风格有所妥协，长年下来，形成质感与效率并进的团队合作智慧。

其次是面向市场的广度。诚品通过大量展店，接触各地读者，累积面向广大消费族群的实务经验，并且因应在地特性，不断翻新经营向度，联结与寻找当代文化的能量，由阅读产业到生活产业，从挖掘文创品牌到人才培训，其中所需的团队流程与执行细节需要时间养成，很难一蹴而就。

再者，因为连锁不复制的展店精神，团队要能面对与满

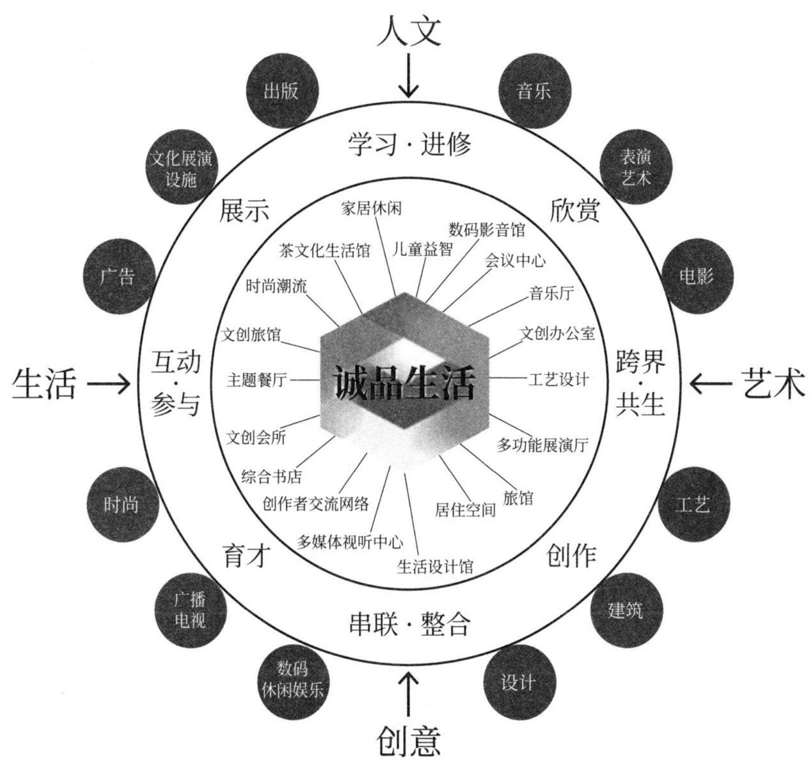

人文
出版
音乐
学习·进修
文化展演设施
表演艺术
展示
欣赏
家居休闲
数码影音馆
茶文化生活馆
儿童益智
会议中心
广告
电影
时尚潮流
音乐厅
文创旅馆
文创办公室
生活
互动·参与
主题餐厅
诚品生活
工艺设计
跨界·共生
艺术
文创会所
多功能展演厅
综合书店
旅馆
时尚
创作者交流网络
居住空间
工艺
多媒体视听中心
育才
创作
生活设计馆
广播电视
建筑
串联·整合
数码休闲娱乐
设计
创意

足不同消费族群，超过二十年与读者共创的know-how，选品种类丰富而精准。

“诚品有很棒的选品团队，这群人把全世界有趣的、好玩的、独特的都找来。”吴立杰形容。

诚品的商品企划处分为图书、影音、杂志、食品、文具、礼品、儿童与玩具八个产品线，团队超过四十人，俨然就像一家小型“诚品商社”，走访世界各大商展，足迹踏上全球街道，至今累积了一百多万种品项，每年要新增百分之三十的新品（含替换绝版、汰旧品），平均一周约有一千五百个新品到店。

要创办一个文化品牌实属不易，因为文化本身就是一种建筑的过程，每一次的登高，都要确保信念基石的稳固，这是吴清友分割诚品，以诚品生活上市柜的主要精神，也是巩固诚品永续经营的长期策略。

来自万神庙的分享

各位同仁大家好：

许许多多的诚品人

许许多多的时光岁月

许许多多的努力才能够积累一点点的诚品文化

我们珍惜二十五年来众多同仁的一步一脚印

我们的初心如如不变且将更从容

工作上生命中有更多万千值得关照的

此刻我诚愿与所有亲爱的伙伴们共同分享这则来自林怀民老师的讯息

二〇一四年七月十日

清友兄：

每次收到你的捐款，特别感激：诚品正在扩张，还劳吾兄费心照顾，很不好意思！

五月欧洲巡演之便，去了罗马。公元初建造的万神庙，圆顶开眼，天光雨雪直落庙殿。

看着日光寸移，很是感动。

夏安

怀民

12

创意经济的全平台

诚品生活松烟

二〇一六年七月，诚品生活松烟店被CNN评选为全球最酷的十四家百货之一，也是获得此项国际肯定的唯一台湾自有品牌。与她一同在榜上的是世界各地历史悠久、享誉全球的百货品牌。[(1)]

报道指出："书店起家的诚品不太符合一般百货公司分类，除了卖书，也售卖各种生活用品，包括台湾特色小吃和

(1) CNN评选全球最酷的十四家百货公司，除了诚品松烟，还包括巴黎的乐蓬马歇（Le Bon Marche）百货、伦敦的塞尔福里奇（Selfridges）百货、纽约的波道夫·古德曼（Bergdorf Goodman）百货、莫斯科的国家（GUM）百货、哥本哈根的依路姆斯·波利弗斯（Illums Bolighus）百货、东京的伊势丹百货、巴黎的老佛爷（Galeries Lafayette）百货、伦敦的哈洛德（Harrods）百货、柏林的西方（Kaufhaus des Westens）百货、斯德哥尔摩的北欧公司（Nordiska Kompaniet）百货、米兰的10 Corso Como百货、纽约的巴恩斯（Barneys New York）百货、东京的日本桥三越本店。

手工艺品；我们最爱的，就是坐落于烟草工厂转型成创意园区的诚品生活松烟店。场域内有两个有趣的部分，一个是集结三十六个台湾新锐设计师的AXES，以及拥有上百个微型文创品牌的创意生活风格平台expo。参观者还能参与丰富的手作课程，如手捏陶艺、玻璃吹制技法、金工、木工、客制化八音盒与纸艺等创作体验。”

诚品生活松烟店的文创工厂是诚品二〇一三年跨界实演的尝试，也是文创平台的播种之作，包含二〇一五年诚品生活苏州店、二〇一六年诚品生活太古店的手作课程，都是延伸诚品生活松烟店二楼手作互动实验区的概念。

与松烟的相遇

事实上，诚品与松烟的情缘是二度相遇。

有些时候，擦身而过是一颗刚播进土壤的种子，等待发芽。二〇〇四年，诚品团队踏上台北松山烟厂，吴清友带着吴旻洁、企划团队走进这座曾是台湾最重要香烟产出地的工业村，他们是为了松烟文化园区BOT案前来考察。园区内杂草丛生，显示久无人迹，但吴清友却看到了松烟的蓊郁树木、生态池塘与巴洛克花园，像是遗落世间的城市天堂。

他在心里想着，如果这里能打造出一座结合人文、自然与创意的基地，那一定是非常美好的场域。

“吴先生健步如飞走在荒烟蔓草里。”跟在身后的吴旻洁与诚品同事都能感受到他的雀跃。当年，诚品的提案分为两期计划，第一期是修复、活化园区内古迹，第二期再兴建文创大楼。第一阶段评选结果出炉，诚品为最优申请人。不过，进入第二阶段的BOT议约过程，部分合作条款对一家民间企业而言，将导致无法控管的风险。虽然花了很长一段时间来回沟通，依然无法达成共识，只好选择放弃。

二〇〇八年，台北市政府重启招标，富邦集团邀请诚品共同参与，希望能集双方资源与优势，让松山文创园区成真。吴清友偕同出席决选评审会议简报时说：“富邦与诚品合作，不是富邦赢，也不是诚品赢，我们希望的目标是这个城市和这片土地共赢！”

对诚品团队来说，松烟文创平台不只是创意，也不只是创新，而是如何成功摸索出台湾文创产业通路平台的可持续营运模式。

跨界与跨业的集体创作

由于松烟曾是工厂，诚品团队就从文创工厂发想，不只是卖产品，还把创作过程搬到零售现场。同一个场域里，吹制玻璃来了，陶艺来了，银匠来了，八音盒制作、手作皮件、木工、植栽、香草气味、书法撰写店也都来了。

“每个产品都是热腾腾的，有了现场表演的张力，实演也可以变成体验课程，表达自己的品牌故事。”吴旻洁说出跨界实演不言而喻的魅力。

团队开始进行文创品牌招商时，却经历许多挑战。一方面，当时松烟的地理位置原本就不是人潮聚集地，另一方面，进驻的品牌设定为新挖掘与独家开发的文创品牌与达人，许多都位于台湾非都会区乡镇，或偏远郊区。

诚品生活松烟招商团队深入调查研究台湾的原乡文化与创意，从地毯式挖掘，如看展、媒体报道、诚品全台分店同事推荐、人脉网络，到挑选文创厂商时，都是以“在地、文创、台湾”为核心元素。

“招商名单讨论再讨论，不够独特的、不是原创的、并非在地的，一开始就不会选择。”诚品生活松烟店长陈仪芳回忆，当时墙上贴了一大张想邀请进驻的文创达人与品牌，超过一半是招商团队首次接触。

诚品团队一个个挖掘、一家家寻访，其中有传承五代的，也有第二、三代想帮家传事业转型的，甚至有隐身于山林，或对诚品十分陌生的百年老店、工艺达人。过程中，团队踏上了从未到过的土地，一开始吃了不少闭门羹，有的没听过诚品，有的担心经验不足，有的觉得北上展店太麻烦。

“他们是很坚持的一群人，担心与经验不足是理所当然，需要花很长时间沟通，我们就是想要让这些好的创意、工艺与文化被保存下来。只要品牌有灵魂、有被发扬的潜力，我们就不想放弃。”有一次，陈仪芳因为不熟北部郊区的交通，访完店家后，因叫不到出租车，只好踩着高跟鞋走了快半小时的山路。

二〇一三年开幕时，诚品生活松烟店进驻约百个品牌，超过五成来自台湾中南部。二〇一五年来到了一百三十多个品牌，四成以上是第一次进入通路市场，当中还有些人还不知怎么喊“欢迎光临”。进驻的品牌里，有些是年轻人创业的起点，有些是代工转型品牌的转折，有些是第一次开分店的尝试，也有些是品牌已经很响亮，但喜欢诚品生活松烟的氛围，如吴宝春麦方店、薰衣草森林的香草铺子……

诚品不只是招商，还把自己当作这些文创业者的共创价值伙伴。团队和新锐品牌发展故事，为体验课程设计营销，替传统文化提供建议，陪着进驻品牌调整现场陈列、灯光、设计，找出吸睛卖点。诚品生活松烟还为松烟的营销推广特别办了一本《时光》杂志，把一个个文创品牌、素人经营者、设计师变成一期期的主角。

松山文创园区内，诚品生活松烟店定位为跨界实演的创意经济实平台，通过跨界、跨业的创新，创作出书店、文创平台、表演厅、电影院、艺文旅馆的多元场域。

其中，紧邻诚品生活松烟店的诚品行旅，是诚品跨入观光休闲产业的创作。

吴清友二〇〇八年跟吴旻洁提的艺文旅馆之梦，二〇一五年化为真实。诚品行旅视野的前景是松烟文创园区的生态池，远景是正眺信义计划区的一〇一大楼，历史与现代建筑落在同一窗框，人文生态与繁华时尚并存旅人清单。

想要旅行，就来行旅。旅行与阅读，都是一种心灵状态，行旅为旅人注入深厚的艺文灵感，与自然生态、人文阅读交会，和文创展演、音乐电影对话。

吴清友说，诚品行旅是让旅人看见台湾的橱窗之一。“诚品终归是吸取台湾的文化、人文、土地所有的点点滴滴而生。某种程度，是把很多人内心向往、集体潜意识创作出来。这也代表着人对于善、爱、美跟创意是懂得珍惜的，是会欣赏喜欢的，是会感到认同的。”

传统记忆在诚品行旅里苏醒成现代工艺，糅合设计风格，经典红砖、磨石技艺诠释台湾社会的朴实，反映在地人文的创新。尤其是二楼的“之间（In between）”餐厅，有二十二面多层次立体结构、独特味道的红砖墙，由台湾之光、世界砌砖金牌粘锦成带领七名学生选手用了七千七百块红砖，砌作而成，再现纯粹的朴质之美。

大厅是欢迎回家的起居室，五千多本诚品选书，任旅人博览；映入眼帘的雕塑与台湾画布作品，是当代艺术展廊。命名为“章节”（The Chapter）的餐厅墙面，一幅幅黑白摄影，诉说着台湾古早的风土民情。在行旅里，一层楼一个年代的台湾摄影作品，仿佛穿越台湾的时空旅行。

公共空间、客房居所里，有吴清友亲自挑选的文化刻印，集结陈夏雨、林明弘、苏旺伸、黄本蕊等十多位台湾艺术家的作品，让旅人观照台湾文化里人与土地、生命交织而成的感动力量，也再次凸显了诚品画廊扶植华人艺术家的初心。

心灵五感的创意经济

有一次吴旻洁出差香港，游逛了几间闪亮的精品店，回到咖啡厅颇有收获地跟父亲说："我刚才发现了精品五感与诚品五感的差异。"

"精品五感是由上往下的尊荣感、虚荣感、罪恶感、失落感与挫败感。前三者都还能消费，只是消费的层次不同。"她一一说明之间的差异，"诚品是不同的，诚品五感是由浅至深的饱足感、成就感、归属感、幽默感与使命感，不论有没有买书，都有机会经历这五感"。

"饱足感"是读者可以在诚品看遍所有想看的书，读得饱饱的却不一定要花钱。"成就感"是读书的过程中有所学习，书本在生活中具体发生作用，也许是获得知识或技能，也许解决疑惑或难题。"归属感"则是通过阅读了解了自己，不再觉得格格不入，即使孤独，都觅得一个安顿自己的归依之处。"幽默感"来自经历前面三个过程，生起了真实的自信心，可以举重若轻，开自己玩笑，以相对柔软的心境响应看似坚硬的世界，“最后，‘使命感’可能是一种自然的结果吧！因为当一个人已经不把自己看得那么重要，就自然开始会希望对别人有用吧！希望有能力带给其他人快乐。”吴旻洁形容。

诚品生活松烟店的风格启程也由此五感绽放，诚品团队朝着创造心灵五感的正面能量去延伸想象力，形成创意经济基地，欢迎所有想寻访心灵五感的人们来待上一天。

地下二楼是诚品以积累的文创展演经验与深厚艺文资源，首次跨足的电影院与表演厅。三间影厅与表演厅的声学、灯光与内装设计出自普利兹克建筑奖得主、台北文创大楼建筑设计者伊東豊雄与多个剧场专业团队之手。户外有座延伸至一楼的大面植生墙，引进洒落的光影，协奏出音乐、创意、电影与美食的幸福奏鸣曲。

诚品电影院的选片以艺术电影为主，包括海内外各大影展的艺术电影、独立制片、华文创作电影、纪录片、动画，以及人文议题的院线电影，譬如“周日经典电影院”，由诚品策划的人文与艺术经典电影。

出乎意料的，原本不喜欢出门的长者观众，日间拄着拐杖，缓缓走进诚品电影院。有一年父亲节时放映《大法官》，因为不是院线档，选片的放映只有在特定时段。在那段放映期，常见中年爸爸带着老爸爸来看电影，戏里戏外画面一样感人。

诚品生活松烟店的“诚品表演厅”，每年赔上新台币一千五百万到两千万元。

“我们能为园区创造什么？为这块土地留下什么？台湾需要有具先进水平的民间自营表演厅，让那些排不上大型表演厅档期的年轻朋友、艺文团体，有机会在正式、专业的表演厅演出。”在吴清友的观点里，城市的表演厅应该是一盏母火，为社会、艺文团队、企业搭起平台，让城市的人文艺术风景萌芽、蔓延与发展。

在这样的使命感之下，即便事先在财务规划已认知到表演厅注定会是“千万亏损”的空间，诚品还是决定要做。

“你们好好做，我亏得心甘情愿！”时任诚品展演事业群主管曾喜松回忆自己刚接下这个职位，吴清友对他说了这么一句话。

“我们想要做一个邂逅美好的生活场域，这个场域不只是让大家来看场表演与电影，还要有心灵教育的收获与社会责任意涵在其中。”曾喜松与团队一方面做展演事业，一方面想着如何结合公益，与外部资源合作。比如与企业合作包场，帮助弱势团体；举办七百多个寄养家庭的孩子来看展演的活动，让他们也有机会接受艺文熏陶，“艺术人文终归是善的美好，诚品的精神不只想把事做好，更想做好事”。

通过跨界实演的概念，松烟三楼的诚品书店则化身为文化生态的创作者，融合书与非书的创意，聚合人与文化的脉络，创造阅读多元化的体验。书区分类打破类别限制，以“原乡时尚、无限想象”为定位，打造中外文学、谬思人文、知性乐活、创意美学四大特色书区。

比如，知性乐活是结合书籍、文具和生活用品等混搭演出，回归生活本质。如美食书旁就有书上的食品，还有台湾第一个结合茶与阅读的文化主题馆，传达出茶是台湾文创特色，一家一家特色茶店，招呼人们入内沏茶。

创意美学从品牌引荐与文创议题呈现出发，结合书籍、艺术家、设计师作品，由圆弧书柜围绕的诚品音乐黑胶馆呼唤读者前来捕捉灵感。

“很多事情我们虽然要事前评估效益，但该浪漫的地方，我们会比别人更浪漫。对于人文艺术的本质，还是很坚定，坚持我们要努力去做。我们的功课是在这个理想坚持下，找出未来能有什么样的新营运模式。”潘晃宇举例，面对实体音乐产业衰退，团队思考如何改造音乐馆，除了把黑胶唱片变成一种文化复兴运动，还成立诚品音乐黑胶馆，以“音乐即生活”的概念策展，努力推广优质音乐作品。

人文文学书区里，以主题阅读汇集文化深层样貌，知识书墙的上方串联了十二台高解析投影装置，流转出台湾的山光水色、虫鱼花鸟与人文记忆。

二楼的创玩艺空间，金工、皮件敲打声响是创作的声韵；1200℃玻璃窑炉的橘红色光芒是场域的热情；刺绣、手纸、笔墨是流泻出生命记忆，这层空间共有超过十种的手作课程，用触觉唤起“成就感”，具有快乐的疗愈效果。

楼面另一端，诚品书店的自创品牌“living project”首次问世。选品概念以美好生活提案为主轴，构筑“家”的概念，结合家具、卫浴、配件、庭园杂货等全新开发商品，及各具风华、精心拣选的文具小物，让每一位游逛者充分选择，实践自己的幸福生活提案。

在松烟的场域，大的柜位思维也尝试小规模、多单元的市集，打破柜位线思考，增加品牌样态的丰富性。绘画可以跟植栽融合展演，零售现场可以成为体验教室，服务者也可以化身为教导者。

松烟店的创新亦回过头带动其他店别的改装。二〇一五年，诚品信义店四楼重新改变，打破柜位隔间，设计成游逛性小市集。改装前一晚还是空地，隔天早上十点，厂商把事先图审规划完成的道具组合各就各位，就能开始营业。

创造实践梦想的平台

许多满怀热情与创意的想法，尚未起头或刚起步的微型文创工作者很难直接进入一般商业平台。因为创新成本过高，与市场需要时间磨合，文创场域或平台的经营者很难有立即与实质的获利。

松烟招商那一年，招商团队在敦南店举行首度联合招商说明会，来了九十多位文创工作者，很多人就是一卡皮箱来到现场，展示他们的作品，但不是所有的人都需要或有能力租下一个柜位。这些人里面很可能有明日之星，但在那之前，他们需要的是能被看见的平台。

诚品生活通路发展事业群执行副总经理欧正基提议，不如创立一个能够集合这些独立设计师、个人创意的品牌平台。当时招商团队觉得这点子有点天马行空，吴旻洁却表示赞同。她认为，平台就是让大家统统可以活络起来，而诚品生活松烟店就是一个文创平台，“同属一个场域，有些品牌能贡献较多营收，有些是刚成立的微型文创，它就是一种平衡，量化的目标不代表平台经营者要妥协质化的坚持，理想可以设定在目标里，只要不赔，我们就 try（尝试）”。

因而，诚品生活文创平台成立了两个品牌：AXES（创意时尚平台）、expo（微型文创博览平台）。AXES 是“Apparel×Eslite Spectrum”，聚焦华人新锐设计师，打造展售合一的时尚流行创意平台。expo 是“eslite×platform original”的博览会概念，专门提供给台湾的微型文创与设计工作者，聚集超过上百个新创生活品牌，领域扩及生活良品、创意杂货、健康好食材、手作设计商品。

然而，这样的事业发展要不赔钱却不容易，这两个品牌至今虽然仍未获利。在欧正基的坚持和团队的努力经营下，二〇一三年开始，expo 结合原诚品生活的“肖年头家梦想市

eXPO
eslite
platform
original

集”（闽南话，“肖年头家”即“青年创业家”的意思）扩大征件，发掘值得被看见的微型文创。二〇一七年来到第六届，更运用网络平台，让征件“全年无休”。前三名“expo 头家之星”保证入驻诚品生活文创平台 expo，二〇一六年的 expo 头家之星手工糠皂、玩食插画，通过 expo 的育成平台，品牌变得更有样貌，知名度与营收因而倍增。

由于这种文创工作者的商品件数少，初期也没有投资与设柜的能力，通过诚品生活的文创平台，只要一个小柜子或是一根衣杆，他们的作品就有面向市场的机会。诚品生活同时提供营运管理顾问经验，包含重新调整商品包装与视觉识别、辅导产品定价策略、陈列方式和营销资源，进行整合展售，培育深具潜力的华人微型文创。至今，AXES、expo 已开始以精选概念店进驻诚品生活以外的通路，积极为所有参与平台的文创工作者开拓市场。

文创是门好生意？是，也不是。

自二十世纪三十年代美国在经济大萧条时，提出“文化创意产业”一词，鼓励年轻人创业，成功刺激经济复苏。一九九七年开始，文创产业成了世界各国和地区的重点产业，英国第一个具体立法，落实为国家政策；在亚洲金融风暴元气大损的韩国也以文创振兴经济，成功输出文化内容产业。

“在台湾，对于文化创意产业的分类共有十多项，包含视觉艺术、音乐表演、展演设施、工艺产业、电影、出版、电视广播、广告、建筑、室内设计、设计品牌时尚、流行音乐、数字内容与创意生活产业等。这里面每一个类别都涉及多种可能的营运模式，但可以确定的是，都不容易获利，而且绝大多数需要长期耕耘与经营，才逐渐能累积底蕴与本钱来思考获利的模式，”吴旻洁说，“诚品只是广大的文创产业里面其中的一种可能而已。所以，诚品希望做的，就是当因具备健康的营运模式而有利润的时候，可以再付出、再投入，促进我们身处的产业更加繁荣，甚至衍生更多新型的营运模式。”

松烟店两周年时，诚品生活策划了“光合叙事·微型纪录片”，里头有创意新生、有历史传承、有传统革新的八个品牌故事。如夕游品牌创办人庄世豪在微纪录片里说的：“我认为诚品的理念是最好的，因为她把台湾的整个文创集中在一起，这是让台湾文创成长最好的一个平台。”

13

“文人古城”新光合作用

诚品生活苏州

我们都能感受到生命并不孤独，如果能够理解自己其实并不孤单。一如弗洛姆说，人最深沉的需要是离开他的孤独牢狱；人——一切时代一切文化中的人——永远面临同一个问题，这个问题是如何出脱隔离，如何达成结合，如何超越自己的个人生命而找到合一。

在人类社会里，这个答案在于爱；在自然万物里，在于光，因而人类总渴望有光。光划分了昼夜，界定了里外，是天地间最美妙的自由。

提及诚品，人们总爱这么说着：“到台湾，去诚品，看人的风景。”现在到了苏州的诚品，可以多看一道“光的风景”。在许多临倚湖泊、河岸的建筑里，光线会随着闪烁水面流光，间接入屋，缓缓移动。天晴的下午时分，苏州金鸡湖面的波光粼粼拓染至诚品，水光结合着镂空圆顶洒落的日光，构成一幅连续性的流光影面，每刻皆有细腻变化。

人的风景与光的风景交织融合在诚品里。在挑高清水墙上泛着光舟，空间里，无重量的光彩令人联想到“我看到许多发光的灵魂正围成圆圈在跳舞，有些行动敏捷，有些则慢一点”。(1)有些光将户外景致延伸至室内的水平拓展；有些光来自上方窗孔的垂直导引，向下开展想象的场域；有些光是在室内相交，联结、跳跃、聚焦于虚空里。

如果说，原乡的土地是脐带，新来到的土地就是光合作用。

海明威说：“也许离开了巴黎，我就能描写巴黎了，一如在巴黎我才能描写密歇根。”或许，离开了原乡台湾，也更能描绘出诚品从来就不只是一间书店，而是一个与阅读文化、与城市创意、与当代生活集体创作的品牌。

苏州是诚品在大陆选择的第一个家。从北纬二十五度延伸至北纬三十一度，新的诚品地图就坐落金鸡湖畔。她展现了“Dymaxion”(2)的多元动态思维，从文创场所拓展为“诚

(1) 上述文字引自但丁作品《天堂》。

(2) Dymaxion，是被世人称为奇才的建筑师巴克敏斯特·富勒（Buckminster Fuller）所创一词，意指组成的“Dynamic（动态）”与“Maximum（极大）”两字。富勒曾以“Dymaxion”概念，绘制出世界投影地图，地球可从不同中心出发，重组成不同样式。比方，以北极为中心，就产生北极的地球图，如果再以欧亚为中心，也会产生另一张形状的地图。根据富勒的概念，每个人都能以自己的所在地为中心，画出新的世界地图。

品生活苏州与诚品居所”的文创综合体，从一片土地开始，彻底展示了她的创作逻辑，建造有灵性的建筑，全新论述了她对“家”的场所精神。再次证明了诚品因着多元场域的特性，已经成为具指标性的华人文化创意品牌。

自然与人文的共融基地

二〇一五年十一月二十九日，诚品生活苏州开幕。就像追星疯潮，一到周末与连续假期，从大陆各地涌进的读者，让诚品到了苏州不得不做一件在台湾没做过的事——人流管制。

开幕仪式当天，吴清友在致辞的最后，虔诚献上三个鞠躬礼：“第一个鞠躬，向苏州这座文化古城行最敬礼；第二个鞠躬，我们怀着谦冲与虔诚之心，向这片土地、这栋建筑与空间，表达深深的敬意；第三个鞠躬，向所有协助完成这个项目的先进与朋友，表达由衷的感恩与谢意。这包括从中央到省市与园区政府的热心服务，所有的合作伙伴、所有不眠不休的厂商与诚品同仁，尤其是辛苦流汗的劳动工人，他们尽心尽力，我们点滴在心头。”在苏州，诚品一样回归生活与土地，寻找在地的生命频率，深刻观察，思考符合当地人文风情、环境景观，以及能与在地文化共同创作的模式。

只是，大家都在问：“为什么是苏州？”

时值二〇〇九年，诚品书店与商场团队一行人到上海考察，诚品生活通路发展事业群欧正基执行副总经理也在内。他在车上接到时任苏州工业园区招商局处长白新宇的电话，邀请他们来苏州走走。

说起这位白处长，欧正基不得不佩服他的耐心。早在二〇〇七年，他就率领苏州工业园区招商团队来台湾拜会诚品，希望诚品能到苏州展店。欧正基也很明白告诉他，诚品当时并无大陆的展店计划。白处长笑嘻嘻表示知道了，还是每年都来拜访诚品。

欧正基跟吴清友报告白处长来电一事。“吴先生，既然来上海了，我们是不是去苏州一趟，车程不到两个小时。”欧正基了解自己老板重人情义理的个性。

“有时间乎（闽南话）？我们是该礼貌性回访。”得到吴清友的首肯，欧正基回电给白处长。诚品一行人到了苏州工业园区，真让他们见识到传说中的大陆官员招商效率。短短时间，当时任苏州工业园区书记的马明龙与各局处官员等重要人士全到齐。

苏州工业园区于一九九四年开发，相较于苏州旧城区，是生态宜居概念的CBD（中央商务区）新区，绿覆率超过百分之四十五。区内的金鸡湖畔是以国际顶级HOPSCA元素（Hotel、Office、Park、Shopping、Conference、Apartment）进行规划，兼具自然景观、人文生活、商务办公与文化建设。苏州市政府认为在湖畔一定要有像诚品这样的文创品牌，才能使整体城市功能规划更加完整。

其实，苏州市政府留给诚品的那块基地是所有开发商梦寐以求的宝地——面邻湖畔的第一排，以它为中心的左右后三侧，有洲际、凯悦等国际酒店（Hotel），九龙仓国际金融中心、新鸿基大厦等金融商务中心（Office），金鸡湖公园、摩天轮主题公园（Park）；久光百货、圆融购物中心、新光天地（Shopping），国际博览中心、文化艺术中心（Conference）。

“吴董事长，您看！那块地多漂亮！我们找不到适合的项目，宁可空着等。”苏州工业园区官员带着诚品团队游看金鸡湖畔，展现最大的邀约诚意。为了让诚品在苏州安心发展，降低营运风险，还鼓励诚品买地自建人文住宅（Apartment）与文创商场的文化综合体。

回台后的第二天，诚品就收到苏州工业园区传来的基地图。

约从二〇〇六年开始，就有来自大陆各大城市的展店邀约，但吴清友认为，诚品不急于在大陆展店，至少在五年内，应先把企业体质做好才对。二〇〇九年上海考察之行回来后，吴清友才开始考虑西进。但诚品究竟应先在哪个城市落地生根？

连欧正基在内，诚品主管们的首选是上海，这个大陆首屈一指的商业大都市。但吴清友却认为，诚品若要赴大陆发展，必须先有一个可以安身立命的据点，他的心中之选是苏州。

“政府官员连续三年想把诚品找到苏州，对他们的尽心尽力，是为这个城市未来的美好，我是相当感动的。我总觉得人类的生活有两个最重要的部分，一个是自然，一个是人文。有那么好的金鸡湖畔自然美景，周边规划那么好，又有地铁，走路到我们基地三分钟，还要求什么？”

经过多次内部会议，吴清友不断说服大家，苏州这座千年古城拥有独特的精致典雅与文化底蕴。基地又静倚金鸡湖畔，位居 CBD 核心，“从产业上，我当然明白苏州的消费力不及上海、北京那样成熟，因为服务业的产值跟生活的形态息息相关。但诚品既然决定要到大陆发展，不应该做游牧民族，我们是要落地生根的、永续经营的，我们需要有个家。”他要大家不用担心市场，“苏州本身能吸引大陆各省市的游客与国际观光客，我们的面向不单是苏州的本地市场”。

在吴清友的想象中，金鸡湖畔的灵气，就如亨利·梭罗在《湖滨散记》[1]里的形容：“湖是风景中最美丽、最富于表情的姿容，它是大地的眼睛，让看着它的人可以显露自己天性的深度。”

“当诚品在谈论对环境的各种观念时，其实是提供一份生活提案。当中包罗了一种态度、一种价值、一种创新，就像古人说的师法自然。自然就是一本无字天书，想象有一棵大

(1)《湖滨散记》即大陆的《瓦尔登湖》。——编者注

树是你的好友，有一片大湖是你的至交。诚品若能在此创造人文、艺术、创意要融入生活的核心价值，真是难得的因缘俱足！”他说。

湖畔的心灵建筑

吴清友心里有个建筑梦，在三十多岁时，曾跟太太说想出国读建筑设计，公司可否交给她管理一两年，太太回他：“可以啊！如果你不怕公司被我弄倒。”后来因经营诚品，更加抽不开身，这个梦想便被他深藏于心中。

当踏足苏州的这块土地，仿佛就像他喜爱的弘一大师因杭州触动研佛念头，他有了想象的机会——诚品是否能做出真正与自然调和，并让环境因有了诚品而变得更美的灵性建筑呢？

二〇一〇年五月二十六日，诚品正式在苏州签订合约，二〇一一年五月二十七日动土开工。诚品生活苏州建筑群由台湾首位获美国建筑师协会荣誉院士的建筑大师姚仁喜所设计，三角形基地的文创商场以及两栋居所塔楼，总建筑面积约三万九千多坪。四年多后，这座湖畔灵性建筑静谧成形，阅读着人，阅读着四季。

城市空间的思维是诚品从台湾到香港，再到大陆的关注思考。当决定展店地点后，诚品团队会先思考他们能带给这座城市什么，带给这里居民什么，跟诚品其他四十多店家有什么不同。除了店型定位和商品特色，同时包含营运模式的思考。

以苏州为例，诚品团队定位诚品生活为“一座风格阅读、创意探索的美学生活博物馆”，加上位于苏州金鸡湖畔的黄金CBD位置，因而形成城市文化生活综合体的概念。

除了以诚品为中心形成的文化场域，两侧还矗立着诚品首次创作的家。两栋塔楼楼高百米，分别为二十四层、二十六层的居所，均能直通下方的文创商场。书店如同家中的大图书馆。

住宅，是建筑的原点，尤其在思考居住的意义时，能把人们推回生命为何的命题。诚品对于住宅的诠释在于探索内心深处的灵感。

诚品居所的营销总监庄明龙在大陆销售房地产多年，二〇一三年初加入诚品，初期非常不能适应。习惯大陆预售就完销的庄明龙想要早早起跑，创造销售佳绩，吴清友却跟他说不用急，诚品居所不是想急着卖房子，而是要传达一种美好生活价值与意义，等楼下的诚品书店与商场开幕了，大家会更有感受，现阶段应将心思放在建筑设计与施工质量上。

令庄明龙印象极深刻的是，吴清友看居所的文案，可以想一个月之久，“要是其他老板大多就迅速定案，尽快开卖”。

在设计阶段，他常接到吴清友的电话，确认设计细节与建材质感。二〇一四年除夕，庄明龙突然接到吴清友电话，询问居所规划的厨房瓦斯炉火燃点是多少，他回答按照一般标准，选用三千点到四千五百点，“结果，吴先生要我们全部换掉，改为五千点以上，因为那才符合中式料理的烹调条件。他对小细节要求的细致程度，你是讲不过他的”。经过一年磨合，庄明龙从慢慢接受，到开始享受诚品的人文思维，“原来商业也可以这么有文化内涵”。后来，反而是他不能忍受营销团队使用太多销售话术，要求他们要真心诚意分享一种美好的文化生活想象，带客户去河岸散步、欣赏湖光景色，再到诚品生活苏州逛书店、听讲堂、品尝咖啡，体验场所精神。

在营运模式面，诚品在苏州的新作——诚品居所——能够保障诚品追求更可靠的资源分配。就未来动能面，能够把“生活在诚品”的美好想象落实出来，协助诚品成为华人文化创意品牌，及成就与整合大陆、香港、台湾的生活产业资源。

“净、探、聚”的开阔场域

建筑从来就不只是建筑，而是与文化、心灵有关，就像安藤忠雄说的：“亚洲时代来临了（全球经济），文化建筑同样关系重大。”诚品生活苏州既是文化，也是建筑。从形式意义来看，是聚合城市人文化生活的建筑体。从精神意旨来说，文化本身就是一种建筑的过程。

文创商场约一万七千坪，依着户外地景，设计三个入口广场，北向湖畔，南临河岸，东对大街。(1)人由三面聚集而来，进入挑高十八米，并延伸三十米的宏伟大厅。三个入口就像三条轴线，让来者清楚定位方向，进入以“净、探、聚”串起的开阔、博大场域。

净、探、聚是从地下一楼到三楼的诚品生活苏州的空间垂直轴线，是这座人文场所、美学空间的游逛意趣。这条净、探、聚的空间轴线由姚仁喜所提出，也像是宇宙时间轴线，有种穿梭于过去、现在与未来的意境。

因挑空设计而形成的地下一楼到二楼中庭广场定位为“聚”。聚，是过去的因缘聚合让人们在此相遇、汇聚。这里也是举办美学生活讲座、舞蹈课程、装置艺术、音乐表演和热闹市集的重要场域。

广场前的“诚品生活采集 × 苏州”是诚品落实在地人文与创意美学、接地气的新空间提案。在这座拥有千百年文化的古城面前，诚品迎来了苏州的苏绣、缂丝、苏扇、核雕、桃花坞木刻年画，五大非物质文化遗产。

(1) 诚品生活苏州全馆引进约两百个精选品牌。地下二楼为停车场，约两百个车位；地下一楼是潮流生活，包含诚品生活采集、文创市集、潮流服饰配件、鞋履、自行车、各式料理；一楼是风格美学，包含品牌概念店、国际品牌服饰、原创品牌服饰、3C 数码、花艺、复合式餐饮；二楼是创意设计，包含诚品书店、诚品风格文具馆、诚品儿童馆、诚品墨册咖啡、设计用品、家居杂货、手作教学、庄园红酒；三楼是人文视野，包含诚品书店、可容纳五百席的诚品展演厅、诚品精品文具馆、云门舞集舞蹈教室、料理、轻食；四楼是乐活健康，Yogawave 进驻。

在这里，不会只看到传统工艺与衍生的文创作品，更与技艺传人、苏州博物馆、苏州工艺美术职业技术学院（苏州工艺美院）、企业等跨界合作开课。在诚品的文创场域，老工艺经典重生为当代生活的艺术美学，历史与传统氛围得以蔓延。比如，以核桃、橄榄等果核雕刻而成微型核雕入驻“诚品生活采集 × 苏州”，开发核雕摆件、挂件等创意商品，让核雕真正进入市民生活；苏州工艺美术职业技术学院并定期在“诚品生活采集 × 苏州”举办陶艺、银饰、刺绣等手作课程，艺术家在现场展售作品，也亲自教授传统工艺技法。

“我们想要让传统工艺传承下来，更走进大众生活里。这也是诚品生活在苏州的文化使命。”苏州诚品生活副总经理李妃婷说。

会有如此想法源自诚品生活招商团队在寻访当地文创工作室与店家时，发现传统工艺面临没有传人或不够广为人知的问题。诚品期许成为两岸及香港的文创平台，渴望发掘在地文化，活络在地精彩的人们和故事。吴旻洁指出，通过展售与推广，诚品也许有机会走到经纪和代理的营运模式，“我们要做好、做深，变成内容产业，但不能太急。持续、实在地做，不是做大梦，口碑必须随时间形成”。

“探”，是当下存在的探索。由轴线长达一百八十米的南北两端入口进入时，各有高十八米、宽六米、深三十米类美术馆的大堂，紧接着是一共七十二阶的石材大步梯，亦是整座建筑最重要的人流动线。

“我一直相信，建筑要像舞台，应该是众人活动的剧场，人在建筑中要同时像观众，又像演员。”姚仁喜认为，空间的想象需要一种镜头感，“像电影中的镜头移动，你到一个好地方，会觉得这个地方太好拍了！你一进来，看到一座大型步梯，有三个主要的平台，可能会看到人走上去、走下来，又有人从二楼横穿、消失，三楼又有一个平台。这是一个很精彩的空间，它具有向度：有人垂直移动，有人水平移动。戏剧的空间一定牵涉水平、上下移动，这些在电影中都能看到。我们不是在拍电影，我们是在做一个大布景”。

在他的“建筑是舞台”概念下，走在诚品生活苏州的空间里，人们会觉得自己像是在表演，同时也看到许多人，“坐在台阶上，坐在高处，走来走去，所有的空间都要满足人表演与观赏的需求，相互参与、相互观赏、相互演出，那会让人在空间中有趣味，有共通感，甚至有安心的感觉”。这种观看与被看的空间趣味，让很多人宁愿走大步梯而不坐电扶梯。

开幕时，南北大步梯的右侧是“诚品选书展”。一张张巨型书签错落于格栅，从二十世纪九十年代开始至今，依序由下往上，排列出诚品年度选出的书名与作者。设计本意是通过历年选书表达诚品成立的历史与核心价值观念，立即成为拍照与集合的景点。由于大受好评，“诚品选书展”一直到苏州店满周年前才功成身退。

“建筑的故事”装置展接着登场。挑选全球数十位精彩的建筑大师作品，浏览建筑大师手绘图稿，亲炙时代思想信仰，从大步梯到三楼的穹顶天窗，仿若有一本立体的建筑史，展页于浮光掠影中。

缓步在七十二阶的大步梯拾级而上，不妨感受着古人喜用这数字的用意。七十二是古代历法的计算数字，与人们的生活、生产息息相关。古人将一年三百六十五天分为七十二候，源自东、西、南、北、中的五行思想。清末民初新月派诗人闻一多，将七十二这个数字定位为一种文化活动的表征。

恰巧，文化活动正是诚品讲的“人、空间与活动”场所精神的要角之一——因应四季时节，在不同时光，举办各式各样的文化活动，不管是音乐、戏剧、表演、户外电影、诗歌朗诵。人们可在此阅读、书写、饮茶、品咖啡、赏音乐，或到可容纳五百席的诚品展演厅看展，或在大 Forum（论坛）参与诚品阅读大讲堂，过上一日文化生活。

“净”，是通往未来的仪式。站在三楼诚品书店正前方光合广场的玻璃穹顶下，沐浴于金鸡湖畔的阳光雨露、繁点星光的纯净，像是进入知识殿堂前的心灵浴光。

“大型步梯让人一层层向上爬，最高层就是诚品书店，这具有一种象征意义——不能说是神圣，但有一种令人敬仰的氛围，爬到最上面的那一点是书店。”姚仁喜形容。

诚品书店横跨二、三楼，面积占总体的四分之一以上。全店分为中外文学、人文社科、艺术设计、生活风格、趋势学习的五大书区，共陈列十五万种、五十万册来自世界各地、

誠品生活采集×蘇州

两千多家出版社的中外文书籍。儿童绘本囊括五大洲，并引进数百个海内外文具礼品品牌。

在书区里有三处特色空间，起源于信义诚品的实演厨房（Cooking Studio）、新概念的文学茶荟和视觉实验室[1]，呼应着书店里的五大主题：饮食文化、视觉艺术、音乐与咖啡、文学与茶、阅读沙龙。

二楼常设诚品风格文具馆、诚品儿童馆，而诚品自策经营的墨册咖啡（blackpages Café）坐落在二、三楼书店楼梯的中央，欢迎客人点杯文学咖啡，聆听一旁音像区的音乐沙龙赏析。

光窗共构的角落，也是可阅读的风景。诚品跟一般的商业空间不一样，她没有把商业极致化，场域呼应自然环境、人文景观，留了特别多的公共空间，像是绿意平台、河岸边阶梯式的水岸大道……供读者转换心情，驻足小憩。场域内，西方建筑结合苏州园林，廊道蜿蜒，处处是能坐下来阅读的共桌单椅，慢慢走进从容、沉定里，身心安顿，不再孤单。

这样特有的优雅人文氛围，让进入诚品生活苏州的人们，不自觉放慢脚步、轻声细语，排队变得有秩序，一趟走下来，

（1）文学茶荟区以茶为媒介，展示东西方茶道书籍，并集结了茶具、香器、精致小食等，在这里可以边看书边品茶；而在沙龙阁楼“MINICUBE”微讲堂，不定期举办文学、史哲、艺术等文化讲座。艺术书区上方的阁楼—视觉实验室，也是诚品在苏州的首次尝试，阁楼展出内容为视觉、影像创作方面的作品，同时结合艺术展览等。

就会发现，空间能改变人们的心绪，人们会顺应场域的氛围，反思自我的行为。

诚品生活苏州建立了文本架构，接着就是苏州人集结各地旅人的集体创作。“里头的每个人都是演出者，都是参与者，每个人的神情、心情、容颜、行为、心念都会构成诚品生活苏州的时刻精彩。”吴清友说。

精进是一条持续的路

所有企业赴外面发展都有自己的辛酸史，诚品也一样。从初来乍到苏州的懵懵懂懂，前进路程的曲折坎坷，诚品苏州团队全都经历过了！吴旻洁、李介修两人在开幕前两年半，每星期从台北飞往苏州，至少待上三天，终于顺利与在地团队于二〇一五年十一月开出诚品生活苏州。吴旻洁曾请教一位前辈赴大陆发展要注意的事，“他说，最重要的就是风险管理，我刚开始不懂，后来逐渐懂了！犯的错少一点，就能走得快一点”。

对诚品团队而言，展店后，营业的精进才刚开始。“优越感很多是以管窥天的渺小心态所放大形成的。”李介修在苏州主管周会时，不忘提醒诚品团队要保持低调、谦逊。

书店资深营运总监郎正中说，诚品苏州仍有须努力的三大目标：“一是在大陆传承台湾诚品善爱美的企业理念与精神；

诚品书店	诚品画廊	诚品讲堂
诚品艺文空间	人文·艺术 创意·生活	诚品电影院
诚品文创平台	诚品行旅	诚品居所

二是在大陆电商冲击与阅读方式改变下，寻找可持续的获利模式；三是成为面向整个大陆的发展基地，因而营运实务的积累、两岸团队动力的凝聚、SOP（标准操作程序）的建立、各地与跨领域人才的融合等，都要持续精进。”

二〇一五年的诚品生活苏州，让她的事业体刚好形成一幅“九宫格”图：诚品书店、诚品画廊、诚品讲堂、诚品艺文空间（诚品展演厅／诚品表演厅）、诚品电影院、诚品行旅、诚品文创平台、诚品居所。跨越不同产业却都是人文、艺术、创意融入生活的论证，也是诚品始终如一的品牌信念。

“阅读已经不是静态、传统的，阅读其实是动态、现代的，跟生命、公众、生活、嗜好结合在一起。在知识水平不断发展的两岸社会里，阅读已经形成更多的面向。所以，我们在思考如何把书店、阅读跟更广泛、多元的活动结合在一起。”吴清友说，通过量化，能够提升质化，“当规模愈大时，愈有能力去做一些以前不能做的事，尤其与许多表演艺术相关的活动。当诚品更具规模经济，更能衍生出这方面的价值”。

实际上，诚品生活苏州让诚品真正变成海峡两岸的文化创意交流平台。至今，在台湾、香港及大陆已促动四千五百家出版社、十一万种华文出版品相互交流，以及数十个台湾文创品牌与诚品携手走进香港和大陆。二〇一六年，诚品人流创下两亿人次的纪录，相当于一个巴西的人口，超过美国人口的一半。

每年数以亿计的读者往来于两岸及香港的诚品：他们所创造的文化能量，推动诚品的经营领域逐步扩及生活与生命的多种面向，并聚焦文化创意产业的营运模式。诚品与苏州这座城市，合作开启了当代两岸文化生活的光合作用。

14

由诚启程

传承与接班，一直是企业永续的课题。相较于经历与能力，接班人能否坚定保持着创办企业的精神，会是根本关键。

于吴清友而言，创办诚品是他生命的追寻；于吴旻洁而言，经营诚品是她人生的选择——她对家人的爱、对自我的期许、对团队的责任……众多的因，形成她承担责任的果。

从二〇〇四年初入诚品至今，对吴旻洁来说，这十三年的旅程，也是名副其实的旅“诚”。

诚，是诚品的企业文化，更是吴家的家训——吴旻洁的祖父吴寅卯用他的生命展演了何谓诚以待人，留得清白在人间。

“诚以待人，这是父亲给我的礼物。”吴清友从父亲身上看见了一个从富有到贫困，仍坚守“诚”字的硬气生命，“他的人格、价值、信仰、生命遭遇是我亲眼所见，初中时，他为人作保而受累破产，从董事长变成挑粪喂鱼的工人，但他在那段做工还债的日子，坚持苦，也要苦得清清白白”。

相隔一代，吴旻洁在吴清友身上看见了一位坚持为人处事要问心无愧、光明磊落的人物，甚至，用“纯真”两字形容父亲。

“老板有种纯真，他诚信、正直，亦认为每人皆应如此，时常感恩很多人、许多事；他言行一致，如果觉得你有什么要改进之处，宁愿当面告诉你，少在背后议论；他对金钱不很执着，小时候我在他的书桌上看见他写在便条纸上的这些短句：钱来钱去，来来去去，来去之间，但求心安！在当时小小的心灵中留下了深刻的印象。”

“老板”是吴旻洁进诚品工作后，称呼父亲的用语。在家时，她也叫父亲老板。母亲忍不住逗趣跟她说：“你一直叫他老板，他会以为自己在家还是老板。”

吴清友也有“硬气”的一面，除了挺过诚品亏损十五年，路见不平时，还会见义勇为。吴旻洁记得，有一次深夜，在回家的路上，遇到一对骑摩托车的男女被十多人包围，眼看冲突在即，吴清友二话不说，要求母亲停车，并下车出声劝阻。

在车内的母女两人心想，对方有十多人！血气方刚，来势汹汹。赶紧打电话报警，催促吴清友快点上车。

还有一个故事是诚品总经理李介修的深刻记忆。李介修刚进诚品时，有一次参加每月的经营管理会议，听到一位餐旅事业的同事报告，有位南部老板开业不久因周转不灵，付不出设备款项。按业界规则，如果公司立即回收设备再二手售出，还能小赚一笔。吴清友听后不悦地说："没有一个老板在创业的时候就想倒账，你们不要趁火打劫！"

领导者真正重要的是有没有勇气选择未来。"我们老板有个特质，他看到机会，都会认为那是独一无二的，是上天给的好因缘。同业认为那些不太具备商业价值的案子，在他眼里，诚品都要有一种使命感去做好。"吴旻洁说。

她的儿时回忆里，吴清友是一个要求子女品格的父亲，"我们小时候去别人家做客，回家时，他会在车上说，今天哥哥表现几分，妹妹表现几分。妹妹做的哪件事不乖、不对，哪样菜自己爱吃就一直夹，没有顾虑到别人"。

不只是父亲，母亲也非常要求她的举止得体。先天个性与后天教养，礼貌与尊重他人形成了吴旻洁的处事风格，加上喜爱阅读，培养出能理解不同立场，进而同理的能力。跟吴旻洁常有交集的诚品员工几乎都会提起她的贴心有礼。

礼貌，是很简单的道理，却是许多年轻领导人常忽略的重点，以致让团队无法心悦诚服。彼得·杜拉克说："礼貌是组织的润滑剂。两个移动的物体接触时，必然会产生摩擦，不论人或物体都不例外，这是自然法则。礼貌有时只是简单说声‘请’和‘谢谢’、叫得出对方的名字，或是问候对方的家人；有礼貌做润滑剂，两个人不论是否互有好感，都可以共事。可惜，聪明人往往不懂这点，聪明的年轻人尤其不懂。”

礼貌基因确实让吴旻洁获得团队认同，协助她在管理与整合上，尽量做到以诚服人。但，父亲变成老板，要求一样高标准，并不因为是自己的女儿，而有任何“放水”，反而更为严格。

细数吴旻洁从二〇〇四年进入诚品担任吴清友特助开始，所参与的大型项目都是当时诚品没有做过的，包括松山文创园区 BOT 案、REITS、诚品勤美绿园道顾问管理营运模式、岛外展店、诚品生活上柜、全新店型的诚品松烟店，以及诚品生活苏州的城市文化综合体。

二〇〇七年刚升上副总的她要对全公司的主管提出集团整合营销计划。开会前，吴旻洁请父亲先看过内容，见父亲没表示任何意见，心想应该没问题了！但是，不等她简报完，吴清友直接打断：“这个简报的质量，连四十分都不到！”她既错愕又受伤，“那是我升副总的第一天，公司那么重要的项目，需要老板支持，重要主管全都来开会，真如同当众挨了一巴掌”。

还来不及整顿情绪，紧接着，就要跟父亲去见某家银行董事长。准备告辞时，吴清友向那位董事长握手并指向吴旻洁说：“我现在都交给我女儿做主！”语毕，还拍拍吴旻洁的肩膀。经历上下半场截然不同情境的“震撼教育”，吴旻洁那天一个人跑到附近的公园宣泄委屈，大哭一场。

哭完后，她擦干眼泪，打定主意要回去跟父亲商量，希望日后能在同事面前为她保留颜面，不然难以带人。忽然，一个念头闪过：如果换成在其他公司工作，遇到类似的情境，自己会怎么做？“我不会去找老板请他改变对我的态度，而是会调整自己，努力到最后一刻，再决定 take it or leave it（接受它或放弃它）！”

这个转念，启发她用另一种角度去思考职场之道，“我所能决定的是自己面对的心态，把焦点放在如何适应环境，而非要求特权、要求环境来符合自己的期待”。

扎根与拓展的创作

二○一○年后，诚品以“诚品生活”的品牌，建立了两岸及香港的文创平台，循着“小股本、大布局，轻资产、重经营，多人才、求创新，稳现金股利、强成长企图、发正面能量”的方向发展。吴清友让吴旻洁负责营运管理，他自己则主要负责思索未来策略与跨产业之作，如诚品行旅和诚品居所。

当年，吴清友创办诚品时，单纯只是认为文化是幸福社会的重要基础。人文素养的提升，需要时间来涵养，每个时代也要有能够淬炼出当代文化创意的精神和灵魂之所在。

若说吴清友对社会的贡献，其一是他汲取了土地的滋养，创造出能够亲近大众的多元文化场域，带动了阅读是一种生命基底，也让城市人能够联结自己的心灵活动。

其二是，吴清友把哲学、建筑理论里的场所精神内化为纯民间企业的人文精神，经营的思维是先探索城市，再联结诚品；先师法环境，再联结场所；先思索读者，再思考营销。二十八年下来，这样的人文经营思维，已成为诚品团队的底蕴，扎根于企业文化里，也是诚品团队建构与生成文创产业的基因。

“诚品是走在文化创意产业的这条道路上，”吴旻洁说，随着诚品在不同产业和地方的经历，诚品团队有很多不同体会，也创作出各种不同类型的经营内容，“诚品有意识选择、尝试所经营的范畴与业态，无论是哪一种，都希望与场所精神和空间气质有关，让生命有所惊喜、有所选择。”在吴旻洁的想象里，诚品希望能成为媒介，让来到这里的人们觉得是有希望改变的，“发现在生命或职涯里，其实能有一些别的选择。我们希望诚品是一个可以提供这样灵感的场所”。

从企业的角度来说，吴旻洁的任务显然跟吴清友不同。

她必须守护着诚品的基本价值，以清晰的逻辑看待过往，引导团队走向稳健的未来。但，稳健不能只想要守成，事实上，若接班人想要选择守成，也没想象中的简单。

“我到后来才发现，我无法一厢情愿，只想维持现有规模。现实会逼得你必须扩展，不进则退，就算我希望维持既定的规模，环境也不允许我们这么走下去。”因而，带领诚品团队拓展市场、寻求新的营运模式，成了吴旻洁的重要任务。

二〇一六年，集团营收超过新台币一百七十亿元，员工人数共有三千多人。吴旻洁很清楚自己接下来的任务目标是为明日开创新局。

诚品生活苏州开幕后，她仍马不停蹄，每周都穿梭在台湾、大陆、香港不同的节奏里。台湾像如歌行板，香港如活跃快板，大陆是磅礴连奏，她必须让三地团队的节奏能够各自精进，又要有所共鸣，共同创作。

三地市场的营运目标大不相同。台湾是诚品的发源地与品牌总部，肩负品牌创新基地的角色，也是发展最为成熟的市场。四十一家店的营收有一半来自会员贡献，因而，更为直达人心、细腻且不黏腻的会员深度经营策略，以及新店型的研发，是台湾团队努力的新提案方向。

香港是诚品第一个岛外市场，从二〇一二年到二〇一六年已展了三家店。吴旻洁研究营运数字后发现，三家店的市场有部分重叠，意即新开出的店会吸纳旧店的客源。因而，香港团队的精进提案是思考如何扩大市场，产生综效，另一方面，三家店在选品与营运策略上，必须更精准去展现差异化，吸引新的客群。

相较于台湾、香港，大陆苏州市场的平日与假日来客比差距超乎经验值。团队努力的目标之一就是提升平日来客数，以及专注培养设计和文创的市场。融合海峡两岸的创意与资源，持续深耕在地人口，举办深度展演活动，打造面向大陆的文创基地。

另外，诚品同时关注两岸及香港以外的全球市场。近几年有来自欧美日等企业前来邀约诚品，其中不乏创始百年以上的知名集团。他们希望通过诚品独具一格的品牌价值——“人文、艺术、创意融入生活”的想象与落实能量，为自身企业与品牌进行创新加值，共同寻找新营运模式、新事业、新市场的各种可能性。

迎向众多崭新的可能，诚品团队如何在不同地域文化中，诠释诚品精神，进行与时俱进的创作，也是吴旻洁和团队接续的挑战。

吴清友与吴旻洁虽是父女，但风格、思考、讲话方式截然不同。

如果说吴清友属于那种天生的磁石，可以吸引很多人跟随他的信念，高阶经理人对他又敬重又信服，年轻同事对这位创办人多少带有崇拜。那么，吴旻洁比较像块水晶原石，根据情境成分，辉映不同的光芒，她得因应身处情境与同事状态，扮演不同的角色，这是身为第二代接班人需要的精进之道。

吴清友形容，要辨别会议室内，跟同事开会的是他还是吴旻洁，不用打开门，只要听到不时传出一阵笑声，就知道答案了，“大部分同事跟 Mercy 开会，都会哈哈哈！跟我开会，就比较严肃了”。

吴清友说话时，充满着人文情怀，易受当下情境触动，不时陷入沉思，凝视远方，当眼神拉回，才会接续着说出下一段的话语。与他相谈，大部分人不自觉会成为聆听者，随着他的清亮语调，进入缓述而出的故事里。虽不常大笑，但能感受他骨子里是个敦厚温润之人，不沉思时，其实妙语如珠，讲至兴高采烈之处，蕴涵饱满、丰沛的情感。

吴旻洁说起话来轻轻柔柔的，却是条理分明，列点陈述。“Mercy 的世代语言就是明确化、目标化、数据化，而且她的个性就是会去 try。”林婉如形容。

学习领导之道的过程，吴旻洁当然也经历过自己尚属青涩，轻信他人而判断失准。从一次次的经验里，她领会到绝大多数的人都是脆弱的。

“当你看懂每个人都有自己的关注时，就比较不会陷进去。我觉得轻信他人的另一面是因为自恋，高估了自己的好，想听好听的话，所以才会一头热相信，把所有的话当真。”此外，在她的位置，能够接收各方信息，看见不同面向，常常必须做一些立意良好，却没法子说明顾虑的决策。初期常因为大家无法看懂或被扭曲解读，而让她的情绪消化不良，钻牛角尖。

大学打篮球时，她最好的朋友建议她：“Watch the ball（看球，即专注目标，心无旁骛之意）!”她逐渐想通最重要的是上篮得分。“不过，吴先生还要求要姿势优美。”她特别补充。

现在，她在学习尽力但不强求，“基本上，决策就是目标优先级的分配，我还是在意大家工作时要有良好的关系。但开心是福气，可遇不可求。如果不能够开心，那至少把事情做好”。尤其二〇一三年后，她成了空中飞人，处于与时间赛跑的状态，她更自觉有所为，有所不为。若还是有消化不良的时候，“我就去逛诚品，把业绩灌给诚品。哈哈！”

愈是喧嚣，愈要看着心

难能可贵的是，她也不会刻意避提自己还有哪些需要调整、改进的地方。与她谈天，可以感觉对面坐着一位喜欢开怀大笑的分享者，慧黠却不张扬，认真不落窠臼。三十多岁就接下华人文创品牌掌舵手一职，在实际前往各个经纬坐标的航程里，她遇见不少的风浪、挫折，但这些外境试炼，没将吴旻洁变得世故老成，反而在她身上，形成一股能“定”的奇异能量——遇到纷扰，她不会让情境左右心境太久。

诚品在尝试新营运模式的过程中，经营面向变得更为复杂，需要面对各种未知状况。有些时候，即使秉持着诚心诚意做好该做的事，仍免不了遇上喧嚣。

从她面对松烟文创 BOT 案的舆论事件便可得知。当诚品决定打破沉默，针对那阵子许多不明就里的臆测、报道与舆论召开记者会。吴旻洁拟了声明稿，当天亲自上阵说明：

“我们认为今天的记者会相当考验诚品智慧，因为在现在的社会氛围中，大家都习惯批判指责与感到委屈无奈。诚品不希望自己是以受害者与自怜的心态来面对这件事，相反地，诚品应该要能看见自己的能力与资源，把握机会做可以带给人们正面能量的事情。全世界对于文创产业都还在探索阶段，对诚品而言亦是摸索与挑战。我们相信诚品经营二十六年以来，是台湾土地滋养出来的品牌，是民众的集体创作，不仅仅属于诚品。

“虽然双方现在具有歧异与难达共识，但是，一旦富邦这样的企业与诚品这样的品牌要共同面对外界时，我们应该思考究竟要带给台湾人民什么示范？如果连我们这样的企业都自怜，那还有这么多微型文创工作者、市井小民与一般上班族又能对企业指望什么？

“虽然诚品的能力有限，经营文创产业不容易，但我们希望持续坚持耕耘，建立创新的营运模式，善用自己的能力与资源，做出让台湾民众有感，且感觉幸福的事。”

愈是喧嚣，愈需要一颗坚定而温暖的心。吴旻洁没有因为误会及随之而来的批判指责，选择声嘶力竭的回应。面对不同观点、误解角度，她选择不愠不火的理性对话，“因为我盼望，诚品带给社会的是正面的讯息、正向的希望”。

人的一生要学的是什么？

对吴旻洁而言，答案就如她为自己取的英文名字“Mercy”，那时的她还只是个刚考上大学的十八岁女生，却对“Mercy”所代表的中文意义——慈悲，情有独钟。这是她在午夜的敦南诚品翻阅了一本介绍英文名字大全的书，寻到的理想之名。

受母亲影响，她珍惜佛法，最钦佩的人是佛陀。她认为人的一生到最后就是学习慈悲，“慈是希望众生能得到快乐，悲是希望众生能远离痛苦，慈悲两字合起来，就是希望众生都能离苦得乐之意，它是我寻找的永恒”。

吴清友所说的“成就生命，分享众生”，用她的话演绎就是“与人为善，分享幸福”。

她也发现自己遇到管理者常会碰到的盲点——为明日开创新局的事都很耗时，而且相对模糊，但因为可以慢一点再做，往往会被眼前的急迫事件占据而拖延。

二〇一七年，她转变了每周出差大陆的工作习惯，将更多时间与心力放在对未来发展的核心思考上。例如，考核主管的绩效指标纳入育才成效；开发新形态的店型与产品；深化文化创意产业的投入与创业平台……“每天面对还有这么多地方可以精进，我的工作其实挺好玩、有趣的！”

《巨流河》作者齐邦媛的手稿有一年在诚品书店展出，有段手写的文字令她永难忘怀：

“我希望中国的读书人，无论你读什么，能早日养成自己的兴趣。一生内心有些倚靠，日久产生沉稳的判断力。这么大

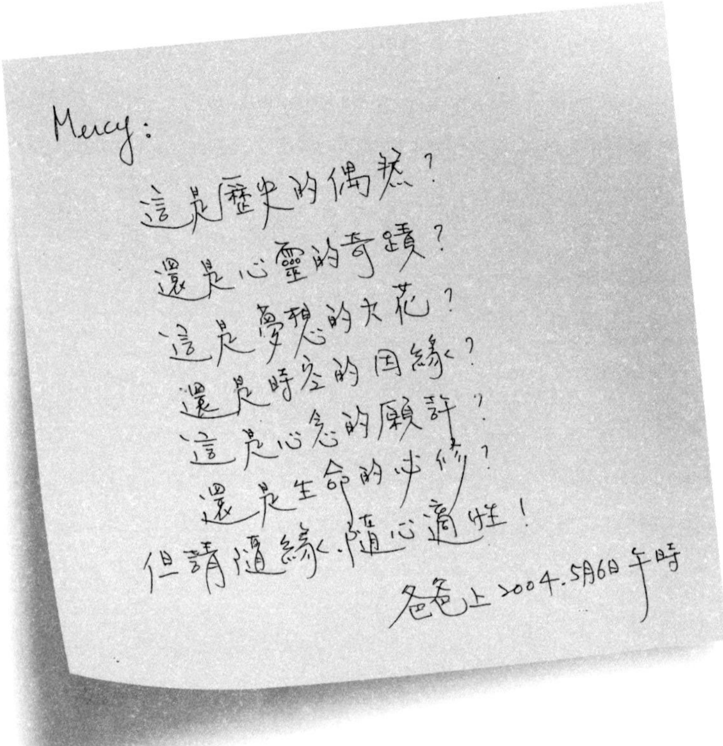

Mercy：

這是歷史的偶然？

還是心靈的奇蹟？

這是夢想的火花？

還是時空的因緣？

這是心念的願許？

還是生命的必修？

但請隨緣、隨心適性！

爸爸上 2004.5月6日午時

吴旻洁在诚品任职后的第十天，吴清友写下自己的内心感言。

的国家，这么多的人，这么复杂，环环相扣的历史，再也不要用激情决定国家及个人的命运，并盼培养宽容、悲悯的胸怀。”

当吴旻洁有机会在诚品信义店和齐邦媛会面时，面对着慈祥温婉的齐老师，她用《巨流河》在诚品永远陈列、永远特别的承诺，对这位文坛前辈致敬。这段文字亦是她迄今为诚品所谈的“人文气质”，所找到最契合的注解。

“沉稳、宽容、悲悯”，是不论哪个时代的领导人皆需具备的，沉稳带来了定心洞见，宽容带来了开阔同理，悲悯带来了人文胸怀。

二〇一七年，吴旻洁三十九岁，吴清友在这个年纪时，创办诚品。对诚品来说，吴清友的定锚、吴旻洁的传承，都诠释了一场生命的探索、一个集体的创作、一种存在的意义，与一个企业的前进。

企业终究得交班。然而，有多少创办人愿意未雨绸缪，放手让下一代再造未来成长的能量？

15

活出自己的光

每天，有许多的生命故事来到诚品众多场域，像是另一种形式的“延伸阅读”——诚品员工阅读着人，也为读者阅读，其间的心情故事流传到位于诚品总部的顾客服务处，积累成真实可亲的读者历史群像。

有位高医店读者在退休后，从事绘画二十多年，在人生同时失去先生与弟弟两位亲人后，情绪陷入低潮，亦无法再提笔作画。在诚品高医店员工的鼓励之下，不但重拾画笔，更准备再次于艺廊发表十幅诗画作品，开幕前，她写信给诚品：

“与翁静如小姐因书结缘，她是秀外慧中的好女孩，除了服务态度好，更有一颗悲天悯人的菩萨心肠……原本万念俱灰，消极到极点，她给了一首诗《石头因为悲伤而成为玉》[1]，让我能悟出其中道理，失去先生、弟弟是小爱，我要化为大爱，为众生做有意义的事，感谢贵公司慧眼，有这么一群很有水平的服务人员，为我们服务。”

诗歌在诚品的场域里，不仅是被朗读，还成为疗愈人心的话语。

诚品也常会接获世界各个角落传来的愿望清单，有些是旅人，有些是寻书者，有些是祈愿者。

某天，信箱里捎来了一封标题为“请让我为自己的希望购书”的信，署名是“山东省一个期盼的女儿”。原来，她是一名研究生，教授在课堂上播放媒体访谈吴清友的影片，诚品人文、艺术、创意、生活的经营理念令这名女学生印象深刻，她心想或许诚品可以帮她找到那本寻觅已久的绝版书。

“我父亲是一名癌症患者，我们已经保守治疗了近两年的时间。当我通过课堂了解到诚品书店，我忽然觉得诚品也许会帮我，我在诚品官网书店里找到了这本书，显示的是已绝版，我真的非常想买到这本书给爸爸看，希望能给他加油打气。”

(1)《石头因为悲伤而成为玉》是台湾诗人杜十三的作品，全文为：
文字涅槃之后送去火葬场
留下的舍利子是诗
石头拒绝说话被斧钻逼迫吐出真言
剖开的满怀心事是玉
文字是因为欢喜而成为诗
石头　是因为悲伤而成为玉

诚品顾客服务处有个“三三三”目标，上班时间接到来信或来电，会尽力于三十分钟内处理，三小时要回报给相关单位，三天要结案。一接到这封期盼的信，诚品同事在确认公司无库存后，紧接着联络出版社。由于是多年前的书，出版社也无这本书。按理来说，客服程序到这里就能回信与结案。

但，诚品员工不忍那位女研究生期待落空，上网寻找二手书，真的找到一本旧书，立刻派人买回的同时，回信给那位女学生，跟她说明诚品与出版社虽无库存，但刚好有位同事家中存有此书，若不介意旧书，愿意转送给她。

“今天上午一个陌生的号码，一声您的快递，对于这些天一直在艰难地选择治疗方案的我们来说，真是一个好消息！这是我和我的家人收到最珍贵的快递，对你们的感激已经远远超过这本书的价值。因为有你们的真诚帮助，才让一件几乎不可能的事变成了可能；有你们的帮助，我觉得自己不是一个人在战斗，谢谢你们，诚品人。真心祝诚品，愈来愈好！”

这次，女学生捎来的信中充满着对上天眷顾的感激。

五六年前，有位原本计划轻生，因进入诚品场域，顿时转变想法的读者寄了明信片到诚品，收件人署名吴清友。

“……经过诚品，随手翻了书，打消念头。只要让我东山再起，我会买很多书，送给别人阅读。感谢您！诚品给了很多人宁静、无声的心灵滋润。

〇〇〇敬上”

明信片上的字迹端正，蓝色圆珠笔水流泻出的一笔一画，仿佛见证了主人将生命的纷扰，一点一滴回归宁静。多年后，上头的邮戳依然清晰，可见是如何细心保存着。

“此生只屈服于真理！”

这是一名高中生参加诚品文化艺术基金会的“青年璞玉计划”，在五天四夜营队里，练习预写自己墓志铭时所写下的经典字句。他与在场其他学校的高一学生，每个人身上都有着需要与逆境对抗的家庭故事。

生命从来没有高低，只有差异，“青年璞玉计划”让弱势家庭的孩子在建立人生价值观关键的高中三年，有机会跳脱弱势背景，吸收正向的经验，学习探索、思辨与表达自我，培养真正带着走的人生能力。

诚品文化艺术基金会副执行长米君儒说，通过陪伴，学生有机会改变，也能安心把他们送进未来的社会，营队活动没有要学生以谁为标杆，因为每个人都不同。

“这些孩子的人生故事不是一般人能够承担的，我们希望他们能学会在纷乱之中，安定自己，不随波逐流、不汲汲营营，未来成为社会上一股稳定向善的力量。我们也让这些孩子知道，将来没有机会说自己很绝望！因为这是一条永远下去的道路，三年毕业后，在这课堂上的老师、伙伴依然是他们的助力，无论遇到再艰难的事，只要求救，一定会有人帮你！”

是多大的善意，能够安抚了无生趣的心灵，终结小爱的悲伤化为智慧？是怎样的热情，能够同理素昧平生，为人点燃战斗的希望？

是何等的力量，可以让深陷谷底的意念，回心转意，认为自己还值得去活出精彩？是如何的信念，能够陪伴与分享，期待一个青年的未来人生，没有机会去说自己很绝望？

有时，我们只需要那么一点点的光，就有力量相信，无论如何，生命都能继续，有勇气对生命说“是”，前方会是一条正面的转化道路。令人好奇的是，诚品，这个当代的文化品牌，为何选择发挥这样的热情、力量和信念，期待能为这些身在难处低谷、伤心受困的生命点燃希望之光？

成为美好生活的实践者

答案，也许正是吴清友创办诚品的缘由，“于我而言，诚品就是对善、爱、美的一种追求”。阅读诚品，也是阅读着一群相信着人文、艺术、创意能融入生活的生命个体，他们真心想让人们的内在升起美好。

在诚品内部，提倡“与人为善、分享幸福，进而成为美好生活的实践者”服务观，善爱美的观念深植于企业文化里，希望诚品员工体会在诚品不仅是一份工作，而是生命价值的延伸。

每个人对于诚品核心精神——人文、艺术、创意、生活，都因不同的工作属性，有着属于自己的演绎。

大学毕业就进诚品工作，曾离开几年，绕了一圈又回到诚品的场地企划部资深副理蔡嘉芬说出自己长年的观察：“不论是在哪个岗位上，我们在做的工作，是把我们眼中的美好，告诉不知道的人，也让那些美好被人看见。”

负责视听室、展演厅等场地企划的她对自己在诚品的工作演绎是：把人文的美好，与艺术的故事，通过创意的方式，引进人们的生活里。也因为品牌经营的思维，常得把许多自动上门的业主往外推，“很多时候是‘不能’的问题！我们尊重诚品这个空间，尊重老板的浪漫，尊重台湾的集体创作”。她举例，譬如活动属性不能太过激进，不能太偏宗教形式，不能有强烈政治立场，不能有不合宜的陈列等，“诚品面对的是众生百态，我们希望呵护零到一百岁的读者”。

“我们不会只用数字营利来审视一件事，如果你今天做的提案没有情感，没有让参与的人感受到爱与美好，那是不符合诚品精神的。”诚品生活通路发展事业群资深副理谢依忻说。

在关于领导人与成功品牌的研究，会出现类似思考法则：成功的领导人论证品牌信念，是以核心理念（why）为出发点，向外依照 how、what 的顺序思考。知名作家西蒙·斯涅克（Simon Sinek）将此法则称作黄金圈，从里到外的三个阶层，分别是 why、how 与 what。why 代表领导者或品牌的理念和目标，how 是执行理念的方法与过程，what 则代表最终呈现出的产品以及领导风格。

也许，可以这么说，“善、爱、美”恰好构成诚品人的正向思考圈，善是 why，是诚品与人为善的正面能量；爱是 how，是诚品展现文化力量，分享幸福的方法；美是 what，是诚品创造心情质量、心灵气质、生活素质的多元场域。

“善、爱、美”的正向思考激励生命活出自己的光！因为善，诚品人可以同理失望、伤痛，让画家重拾画笔，帮女学生寻得协助父亲的书；因为爱，诚品人愿意承诺、陪伴，通过阅读、文化活动，为社会耕耘青年的未来力量；因为美，诚品的场域让原本颓圮的灵魂重新发现曙光，决定东山再起。

这也是诚品经营的心意，虽然要面对实体的产业经营、实质的商业世界，明日也愈益挑战。吴清友说，诚品在实务经营上仍有许多的不完美，在服务、专业、空间等层面还有很多细节需要更努力、精进，“但诚品的心念与理念是不会改变的，我们把心定锚在核心价值，若不如此，公司的成长有时就容易偏掉，当在讲品牌、企业经营，最难的是选择何者不能做！有些事做了会赚钱，却偏离核心价值，就要有那个信念与勇气坚持不做”。

善爱美的正向思考图

Why
善
与人为善的正能量
How
爱
展现文化力量，
分享幸福的方法
What
美
创造心情品质、心灵气质、
生活素质的多元场域

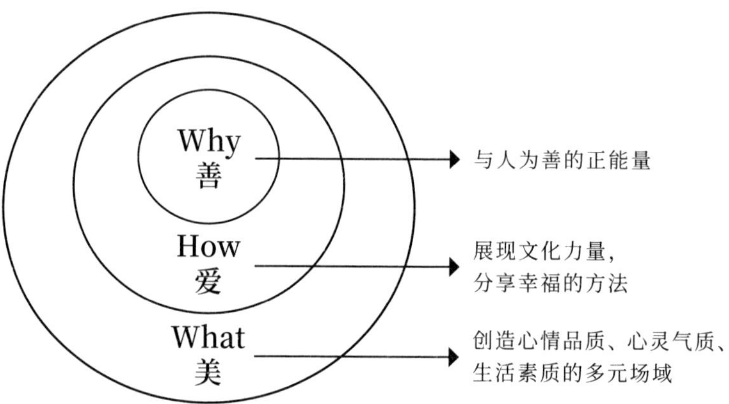

诚品是什么？

最后，我们想问：诚品是什么？

也许借着“善爱美的正向思考圈”可以发现不同的答案。有人说她是当代文创平台代表，有人说她是华人文化品牌之光，有人对于她的营运模式发展辩证，有人期许她可以肩负更多公共责任……诚品团队则希望，她是安顿人们静思，甚至得以转换自我生命的现场。

诚品的诞生源于吴清友当年自问“生命将何去何从”开始。他用创办诚品来呼应生命的“自问”，展开了一场心念与信念之旅，亲身体验至今。如果诚品也是一个生命体，在诚品团队的想象里，她的存在意义应该是慷慨的、和谐的、宁静的、具备转化力量的。就如那位读者形容，诚品给了很多人宁静、无声的心灵滋润，人们悠然于她的时光。

诚品团队相信，生命是自己的创作，阅读不只是阅读，它提醒着要有时间思考，不一定总读到真理，而是读到自己，带来影响、选择价值，进而改变命运。人先从认识自己、了解自己开始，厘清自己的存在与价值观，就有自由去选择所爱。

“我们的能力并不杰出，所做的不过就是更靠近自己一点，能更了解自己一点，所有的这些，都只是在探寻自己的内心！”吴清友分享一位西方建筑评论家的哲语：“真正知道一个理念，至少要花费二十年的时间；亲身体验而深信不悔，则需要三十年的光阴；能够随心所欲地应用，得至少投注五十年的生命来印证。”生命，因有了可探索一生的心念，终将透现光彩。

诚品的故事仍将继续，一座座城市的文创生活辉映成光。
阅读，创作，生活；
沉潜，奋起，注视啊！
无数青春的生命、美丽的灵魂，
都曾穿越诚品时光，都正在或明或暗之处，
熠熠发光！

图书在版编目（CIP）数据

诚品时光 / 林静宜著 . -- 北京：中信出版社，2018.03

ISBN 978-7-5086-7968-6

I. ①诚… II. ①林… III. ①书店－经营管理－台湾 IV. ① G239.23

中国版本图书馆 CIP 数据核字（2017）第 178839 号

诚品时光

著　　者：林静宜
出版发行：中信出版集团股份有限公司
（北京市朝阳区惠新东街甲 4 号富盛大厦 2 座 邮编 100029）
承 印 者：北京尚唐印刷包装有限公司

开　　本：880mm×1230mm 1/32　　印　　张：7.75
插　　页：16 页　　字　　数：116 千字
版　　次：2018 年 3 月第 1 版　　印　　次：2018 年 3 月第 1 次印刷
书　　号：ISBN 978-7-5086-7968-6
定　　价：68.00 元

服务热线：400-600-8099
投稿邮箱：author@citicpub.comv